上海国别区域全球知识文库·中国话语与世界文学研究丛书

由上海全球治理与区域国别研究院
资助出版

商务印书馆（上海）有限公司 出品
The Commercial Press (Shanghai) Co. Ltd.

上海国别区域全球知识文库·中国话语与世界文学研究丛书

德国巴陵会馆藏文献中的中国叙事

陈 悦 著

图书在版编目（CIP）数据

德国巴陵会馆藏文献中的中国叙事/陈悦著. —北京：商务印书馆，2024
（上海国别区域全球知识文库·中国话语与世界文学研究丛书）
ISBN 978－7－100－21967－9

Ⅰ.①德… Ⅱ.①陈… Ⅲ.①中国历史—近代史—史料 Ⅳ.①K250.6

中国国家版本馆 CIP 数据核字（2023）第025861号

权利保留，侵权必究。

德国巴陵会馆藏文献中的中国叙事
陈 悦 著

商 务 印 书 馆 出 版
（北京王府井大街36号 邮政编码100710）
商 务 印 书 馆 发 行
上海盛通时代印刷有限公司印刷
ISBN 978－7－100－21967－9

2024年1月第1版　　开本 889×1194　1/32
2024年1月第1次印刷　　印张 7¾
定价：75.00元

"上海国别区域全球知识文库"
编委会名单

总　　　编：姜　锋　李岩松

执行总编：杨　成　郭树勇　丁　俊

编　　　委（按姓氏拼音为序）：

陈东晓　陈　恒　陈志敏　程　彤

冯建明　冯绍雷　高　健　郭长刚

季卫东　门洪华　潘兴明　吴心伯

王　健　汪伟民　王献华　王有勇

魏景赋　许　宏　颜静兰　杨伟人

张民选　郑春荣　郑少华

"上海国别区域全球知识文库"出版说明

2022年9月正式成为国务院学位办新版学科目录中交叉学科门类下一级学科的区域国别学,本质上是应用型基础研究,是有关外部世界的全领域知识探究,是实现中华民族伟大复兴和构建人类命运共同体的核心知识保障。

自古以来,中国知识界就高度重视探索、认识、理解和记录外部世界,也在以"丝绸之路"为代表的中西交通史中经由文明对话和文明互鉴留下了大量经典文本。晚清以降的中国变革史,尤其是改革开放后的中国发展史充分表明,关于外部世界的知识汲取是推进中国式现代化的重要智识来源之一。作为认识外部他者的重要工具和方法,区域国别学在不同时期一直以多样形态发挥着关键作用。

当前,中国日益走近世界舞台中央,全球正经历"百年未有之大变局"。世界之变、时代之变、历史之变开始以前所未有的方式和速度展开。我国的国际角色也在发生深刻变化,自身发展既拥有难得的历史机遇,也面临严峻的风险考验。在此背景下,国家需要大批会外语、通国别、精领域,服务国家战略发展和战略传播的区域国别人才和与之对应及匹配的国别区域全球知识体系。

中共中央总书记、国家主席、中央军委主席习近平多次在不同场合强调区域国别、全球治理、国际组织人才的重要性并提出了一系列素养和能力指标体系，这为新时代区域国别学的进一步发展指明了方向。正如习近平所强调的，"一个没有发达的自然科学的国家不可能走在世界前列，一个没有繁荣的哲学社会科学的国家也不可能走在世界前列"。推而广之，一个没有扎实的国别区域全球知识体系做支撑的国家也不可能跻身于世界舞台中央。基于中国的主体性，遵循文明交流交往交融路径，扎实推进区域国别研究，为中国最终稳稳走进世界舞台中央提供学术支撑和战略人才储备，理应成为我们在新的时代条件下的政治自觉、学理自觉与文化自觉。

我国的区域国别研究有一定的历史基础，自中华人民共和国成立以来先后经历了五波发展浪潮，迄今已经建立起主要大国、重点地区、关键小国"全覆盖"的基本格局，产生了大量有关研究对象国和区域的高质量成果，部分代表性作品具有世界影响力。但不可否认的是，整体而言，殖民时期的大英帝国等资本主义列强以及冷战时期的超级大国美国、苏联在国别区域全球知识生产领域拥有"先发优势"。不断增长的现实和迫切的需求与我国的国别区域全球知识供给之间的矛盾与鸿沟，已经成为中国成长为主导性全球大国的制约因素之一。如何实现加速和赶超并与美西方在这一领域展开"思想市场"的战略竞争，是时代赋予我们的历史使命和重要任务。

实现中华民族的伟大复兴，建设性参与和引领全球治理的转型，离不开对外部世界的科学认知。随着"一带一路"及全球发展倡议、全球安全倡议、全球文明倡议等中国主导议程的稳步推进，我国的区域国别学迎来了升级转型的关键节点。在相当程度上，区域国别学自主知识体系的构建，还有可能为我们突破"中西二分"的思维定势，通过发现更多的"第三方"而成为推动中华文明传承、发展、进步和升华的精神契机，并在"美美与共"的逻辑上最终为人类命运共同体的落地生根创造条件。除了这些宏大目标外，区域国别学的发展还可以为中国人提供客观、理性认识其他国家和地区的方法，成为促进人的全面成长的持久支撑，为培养新一代身处中国、胸怀天下、格高志远、思想健全的优秀国民输送知识养分。

在此背景下，上海外国语大学认真学习贯彻习近平总书记有关重要讲话精神，积极响应党和国家的政策要求，由作为教育部、上海市和上海外国语大学共建、承担上海区域国别研究航母编队旗舰功能、集"资政、咨商、启民、育人"重要任务于一体的高端智库与协同研究平台的上海全球治理与区域国别研究院，诚邀上海市从事区域国别研究的主要高校及智库担任研究院理事会常务理事的多学科领军专家组成编委会，在整合多方资源的基础上，创办"上海国别区域全球知识文库"。

本文库旨在从由内而外及由外而内两个维度提供全景式、系统性、高水平国别区域全球知识，通过搭建在与国外已有优秀成果的对话框架，引领相关知识生产的中国主体意识和区域国别学学科发展，促进我国的区域国别研究实现适应时代特征的全面转型并催生一批学术精品，打破西方国家对该领域国际学术话语权的垄断或主导，最终促成建构超越西方中心主义的新区域国别研究范式，生成更高质量、更有针对性、更具前瞻性、能更好地服务党和国家工作大局的中国特色区域国别学自主知识体系。基于这一理念，本文库将通过对主题的设定与内容的把握，为国内外区域国别研究学者提供"学术公器"，推动建立面向全球的高质量"升级版"区域国别研究成果传播平台，以期实现国内—国际区域国别学成果的"双循环"。

无论在何种语境下，区域国别学毋庸置疑都是一项战略性的系统工程，需要学界同仁持久的投入、努力与坚守。我们深知区域国别学的学术价值和战略品格，衷心期望本文库各系列专著和译丛的出版，能以各界之不懈努力，成就新的时代条件下中国人认知外部世界的知识桥梁和增强"四个自信"的文化脊梁。这是中国区域国别学共同体的历史职责所在，也是"上海国别区域全球知识文库"编委会的理想所在。

上海外国语大学上海全球治理与区域国别研究院
"上海国别区域全球知识文库"编委会
2023年7月

中国话语与世界文学研究丛书

总　序

"上海国别区域全球知识文库·中国话语与世界文学研究丛书"作为上海全球治理与区域国别研究院、中国话语与世界文学研究中心的系列成果正式推出。该丛书意在展示中国话语的民族基因和世界性因素，呈现中国话语在世界文学中多维丰富的流变样貌，通过交流互鉴，破解文化偏见，消融文明隔阂，尤其剖析西方霸权话语对中国形象的误读，甚或曲解，向世界传递积极的中国价值和文化内核，凸显中国话语在世界文学与文化中的影响脉络和共识性价值，助力建构人类命运共同体和践行区域国别与全球治理的宏伟目标。

那么，何谓"中国话语"？简单来说，其本质就是中国道路的理论表达、中国经验的理论提升、中国模式的理论总结、中国文化的理论升华，打造融通中外的新概念、新范畴、新表述，更加充分、更加鲜明地展现中国故事及其背后的思想和精神力量；其要义就是集中呈现中国特色现代性内涵，祛魅西方普遍现代性规训，进而阐发中国话语的世界性和普遍性意义，从而在国际话语博弈中，实现中国话语自信与"话语中国"显身。当然，话语的背后，是实力的较量。当前世界话语权力格局明显"西强我弱"，具体到国际传播渠道，话语议题的设定、解释、裁量权等方面，我国在短期内难以扭转不平等格局，中国的发展优势尚未转化为话语优势。

然而，话语权的获得绝非一蹴而就。在话语博弈中，如果中国话语的"中国性"太过强烈，反而过犹不及，导致异文化很难理解我国意识形态话语的准确内涵与深刻寓意，从而很容易将之视为无谓的语言修辞而拒绝接受。因此，中国话语必须具备世界眼光，围绕全球性问题的内涵价值展开对话式言说，其表达应具有可对话性、可理解性、可接受性，要克服马尔库塞式的"单向度""大拒绝"思路，努力拓宽国际文明视域，坚决剥离西方现代性强加于中国的"污名化"标签，积极抉发"中国性"对"现代性"的参与、共建和共识。

事实上，获得话语权的过程和方式多种多样，就笔者熟知的文学艺术领域而言，基本存在两种模式：一是"主动送出去"的中国文化外译，利用各种方式和渠道，经过目标定位、书目筛选、文本翻译，"保姆式"输出中国话语，并确保掌控主动权；二是"被动请过去"的海外翻译，国外译介机构通过"自主"选材、翻译、删改、推介，在一定程度上拥有了对中国话语的阐释权，甚至是定义权。其间，文化过滤与误读是不可避免的，各国对中国文学"译介热"的初衷想必不是一味弘扬中国文化，而更多是为了开阔本国视听、增益国民见闻、累积民族智识，因此，难免受到本国意识形态的宰制。显然，两者的效果差异大相径庭，但其"源语文本"毕竟是中国人写的中国故事。虽然，在"被动请过去"的译介过程中普遍存在"创造性叛逆"，但"源语文本"的客观存在，加之版权输出保护等约束，中国故事的译本虽难言原汁原味，但大多保有中国故事的基调和内核。整体而言，这是一种经由中国看世界的"内源性"话语输出，其大抵是有据可依、有章可循的，塑造的中国形象是相对可控、基本真实的。正如习近平总书记2014年10月15日在文艺工作座谈会上的讲话中所倡导的："文艺是最好的交流方式，在这方面可以发挥不可替代的作用，一部小说，一篇散文，一首诗，一幅画，一张照片，一部电影，一部电视剧，一曲音乐，都能给外国人了解中国提供一个独特的视角，都能以各自的魅力去吸引人、感染人、打动人。"因此，如何向世界译介和展示中国文化共情共性的魅力，使其润物细无声地浸润感染世界人民的审美、思想和灵魂，是中国话语的时代使命和必然选择。

然而，不管是"送出去"，还是"请过去"的中国故事，其在世界文学场域中被国别文学不断征引、阐释、改写、变异与传播，形成了"外源性"话语建构。这种话语主体和话语表达均受到"场域"制掣，不管是身处"官方舆论场域"，还是"民间舆论场域"，最终"被统治者是统治者的同谋"，被宰制的话语主体在"认识"与"误识"的双重作用下，往往停留在浅层文化，沦为异域风情的皮相展览，造成对中国形象简单粗暴的加工和臆想性呈现。实践经验告诉我们，这种"外源性"话语，相对于"内源性"话语而言，其影响力和"解构力"是惊人的。"讲好中国故事，传播好中国声音，展示真实、立体、全面的中国"，中国文学"走出去"，仅仅只是起步而已，如何"走进"译入国，并产生影响，激发在地国叙述主体讲述中国故事，把中国故事写在世界大地上，才是中国话语建构的关键。可是，这绝非简单的翻译推介问题，亦非国际传播与建构的技术性力量问题，而是一个把弱势边缘文化向强势中心文化植入的综合战略。要实现这一战略，必须基于我们对中国文化在译入国的接受现状了然于胸，如此方能知己知彼，有的放矢，在定量分析和定性研究的基础上，根据不同国家、民族、文化、制度等有针对性地"精准定位",规划设计译介篇目、传播策略和推广手段,为中国话语赋权、赋能,让中国故事融入在地国的社会和生活。这直接关乎中国形象在世界的形塑和中国话语在全球话语系统的构建,是当下亟待解决的重要课题。因此,研究外国叙述主体如何讲述中国故事,如何借助中国故事展开中国叙事,以及其背后的话语生产机制,是"上海国别区域全球知识文库·中国话语与世界文学研究丛书"的出版宗旨和目标。

有鉴于此,本丛书首先坚持中国立场与世界视野的辩证统一。西方人讲述中国故事,多以中国故事包装西方内核、承载现代主题。从跨文化研究常用的"第三文化"(Third Culture)或"第三空间"(Third Space)来理解和看待这种复杂的文化杂糅现象,除了必要的批评与反批评,不应过分纠结于其认识真实与否、客观与否的经验立场,而应进行内省的、理性的、学理化的分析研判。中国故事作为叙事蓝本被广泛征引、阐释改编,兼具经典性、民族性与世界性,为构建人类命运共同体贡献中国智慧。中国故事作为全球对话中重要的知识来源和思想资源,具有知识生产的巨大动能,成为对西方中心主义知识话语体系的反思性力量,参与和影响了国别区域,乃至全球文明的整体进程。中国故事不仅是叙事层面的文学、政治、思想、观念的载体,更是认识自我与他者关系的立场方法。其作为杂糅了多重学科的"学术装置",让我们可以据此考察中国话语曾经、现在和未来对全球或区域文明的知识体系发挥何种作用,在何种意义上参与知识生产和推动世界文明进程,这是有温度、有情怀、有生命力的研究。中国故事,无论是文学文本、政治文本,还是文化文本、思想文本,最终都演化为中国话语的知识共同体,成为变革现实的思想资源和知识动力。

其次，宏观立意与微观考析的有机结合。中国故事作为肩负时代使命的重大命题，是中华文明精髓、中国特色制度、现代化模式、国际话语权的重要载体，也是中国承担大国责任、打造人类命运共同体的内在依据。中国故事作为知识生产和话语操作的场域，在知识生产、流通和转化中产生效能，勾连起原本互不关涉的知识社群与区块，在各种思想浪潮、文学运动和社会生活中相互影响、彼此建构，形成一种文化现象或文化事件，有机地渗透到现代生活中，具有思想性和现实性双重维度；在促进对话和交流互鉴方面，亦具有求同存异的统合性和生产力。由此推动中国话语在区域性知识圈流动，与各种思想文化交融，在有生命力的知识场域里自我形塑，催生出各区域、各国别的集体想象、政治思想和社会制度等诸多元素，产生结构性变革力量，通过知识考古，建构中国故事谱系，探究中国知识在世界文学中的变异、错位、误读、转换、生产，开拓自我与他者的场域，更加自觉地透视文化机理和中国知识的生产机制，包括动力机制、话语机制、传播机制、权力机制等，探索中国故事在世界文学中释放了什么，催化了什么，驱动了什么，生成了什么，对文化形态和政治格局产生了怎样的影响，以及在何种程度上参与和推动了文明进程。

最后，理论创新与批判思维的学术诉求。本丛书秉持理论创新意识和问题意识，指向上要精准，方法上要科学，视野上要开阔，从而抉发中国文化与世界文化的可通约性，共享文化间性，提炼出可供世界共享的核心价值，亦反思中国之于世界的有效性及其限度。既要把欧美标准相对化，又要摒弃"中国中心化"。我们旨在建立一种新的观念与理论视野，即在全球化多元文化语境中确立中国文化思想，乃至政治体制、治国方略的主体性，构建中国故事的流散谱系，在不断的知识考古和谱系实证研究中，寻找未来可以突围西方范式的可能性，凸显长期被遮蔽、被否定、被消解的中国主体性，走出历史循环与偏见复制，归纳中国故事走向世界的方法论，探索具有世界性的中国故事话语机制和知识生产机制，补益中国文化"走出去"战略。因此，中国故事不仅仅是研究对象，也需要重视它在方法论层面上的意义，把它变成我们认识世界与反观中国文化的路径和场域。丛书力求研究立场的转向、视野的转向、范式的转换，建立一种开放式、平等对话的、批判性思维。以中国故事为抓手，在方法论层面反思欧美模式，建构中国知识共同体，助力世界文学研究新方法、新视角、新路径的探索与实践。

"上海国别区域全球知识文库·中国话语与世界文学研究丛书"首批推出第一辑，共十部，侧重德语文学对中国故事的叙事呈现，包括魏玛共和国德语游记中的中国城市镜像、德国巴陵会馆藏文献中的中国叙事、德语左翼作家笔下的中国叙事、当代德国犹太流亡记忆与中国叙事、德语犹太流亡者笔下的中国故事、新世纪德国儿童文学中的中国形象等。值此出版之际，我要衷心感谢上海外国语大学党委书记姜锋教授、校长李岩松教授、上海全球治理与区域国别研究院执行院长杨成教授的鼎力支持！特别感谢商务印书馆的倾力支持和为审校与编辑付出的所有辛劳！

本丛书的作者和译者均是国内高校的优秀青年学者，虽然水平有异，但专注、勤奋、认真的治学态度，都值得称赞。虽尽心耗时，细致推敲，勉力而为，但粗疏错漏想必难免，敬请读者批评指正，见谅海涵。

张　帆

2023年5月6日

目 录

绪 论

第一节　虔敬主义浪潮与德国巴陵会对华传教　/ 3
第二节　德国巴陵会馆藏文献概介　/ 7
第三节　德国传教士与德国巴陵会研究现状述略　/ 10

第一章
西方传教士中国书写与东方主义叙事

第一节　西方传教士中国书写的嬗变与转向　/ 25
第二节　东方主义及其叙事特征　/ 31
第三节　德国巴陵会传教士与东方主义叙事　/ 44

第二章
德国巴陵会在华传教概述与文字出版

第一节　德国巴陵会在华传教史述　/ 53
第二节　体裁溯源与出版动机　/ 58
第三节　德国巴陵会传教士笔下的中国故事　/ 63

第三章
德国巴陵会传教士中国书写的叙事特征

第一节　对立与比附：信仰划界与自我美化　/　78

第二节　讹变与错位：神话传说的谬误阐读　/　96

第三节　互文与误读：假意趋附或经典复现　/　101

第四章
德国巴陵会传教士对中国信仰的书写

第一节　龙神崇拜：神异图腾的祛魅化书写　/　114

第二节　儒家伦理："和平使者"筑起的精神城墙　/　122

第三节　佛家义理："虚妄的轮回幻象"　/　133

第五章
德国巴陵会传教士对中国仪式的书写

第一节　丧葬习俗：陋俗事象的微观细描　/　149

第二节　祭祖拜偶："虚假神性"与"神权僭越"　/　154

第三节　礼节传统："形式化的表面客套"　/　164

第六章
"异教"符号暴力下的中国人形象

第一节　中国女性群像：迷信裹挟下的失语者　/　170

第二节　灵魂与肉体的双重病态书写　/ 182
　　　一、鸦片瘾者："迷途羔羊"或"异教恶果"　/ 182
　　　二、麻风病患："道德松懈"与"神义惩罚"　/ 188
第三节　饮食文化他者：从"饮食不洁"到"灵魂污秽"　/ 194

结　语　/ 201

参考文献　/ 211

后　记　/ 225

绪 论

第一节　虔敬主义浪潮与德国巴陵会对华传教

18世纪上半叶，以法国理性主义为思想基础的启蒙运动在欧洲蔓延开来。不断涌现的科学发现和哲学洞见为西方带来革命性的思想改变，对传统的基督教神学构成严重挑战。在德国，理性主义唤起的世俗化思维将人们从陈旧的神学传统和宗教秩序中解放出来，转而关注现实的世俗生活。与此同时，理性主义观念也渗透到基督教改革家的思想之中，他们以理性主义角度审视基督教，批判《圣经》中非真理的、与科学相悖的内容，认为教义只有与科学知识体系相契合才是正确的。他们精细界定教理的正统性，视理性主义为净化基督教、重建信仰道德秩序的精神力量。在理性主义的规制下，生成于宗教改革的信义宗（又称路德宗）逐渐偏离马丁·路德提出的"唯信称义"的非理性宗教体验，路德所强调的信徒与上帝的内在关系日趋被教条的、僵化的、形式主义的教会生活取代。信徒在宗教生活中的情感实践被弱化和忽视，信仰慰藉得不到满足，神职人员灵性低落，信义宗日趋表现出以理性挂帅的科学诉求，使基督教让位于理性科学，沦为佐证和言说科学的工具与附庸。为应对社会思潮对基督教信仰的激烈冲击，基督教内部出现了一种"有意识地偏离理性主义"[1]的思想倾向，这种反理性主义倾向催生了虔敬主义运动。虔敬主义者意欲将信义宗从循规蹈矩的教条神学中解放出来，回归充满活力、虔敬的信仰生活，强调宗教的个人色彩，倡导教民从客观的宗教价值转向主观的救赎体验，从集体感觉转向个人经验。[2]

此外，虔敬主义推动了德国传教事业的勃兴，正如德国传教学家古斯塔夫·瓦内克（Gustav Warneck）所言："虔敬主义和传教运动关系紧密，也正是这一紧密关联赋予了传教事业生命力。"[3]"传教已经成为主观主义和个人主义基督教的标志，同时也是虔敬的个体经验和温暖心灵的标志。"[4]随着经济与军事实力持续攀升，西方各国在实现社会全面现代性转型之后逐步推进资本主义全球化和海外领土扩张运动。西方列强猛力撞开中国国门，积累数千年的中华文明倏忽之间沦为"古老的文化"，在西方人眼中呈现出"无可救药的衰败状态"[5]，大梦初醒的中国丧权丧身，伴随着西方文化与思潮的不断涌入，中国被迫成为西方殖

---

[1] 威廉·格斯曼：《德国文化简史》，王旭译，广西师范大学出版社，2017年，第135页。

[2] Heinrich Frick, *Die evangelische Mission. Ursprung, Geschichte, Ziel*, Bonn, 1922, S. 172.

[3] Gustav Warneck, *Abriß einer Geschichte der protestantischen Missionen von der Reformation bis auf die Gegenwart. Ein Beitrag zur neueren Kirchengeschichte*, Leipzig, 1898, S. 49. 本书所引原文为德文者，均系笔者自译，下文不再另注。

[4] Heinrich Frick, *Die evangelische Mission. Ursprung, Geschichte, Ziel*, a.a.O., S. 173.

[5] Julius Richter, *Das Werden der christlichen Kirche in China*, Gütersloh, 1928, Vorwort, S. VII.

民体系与世界市场的组成部分。反观德国，在新的思想文化潮流与社会意识形态激烈涌现的时代，旧有的社会文化秩序不断被搅动和颠覆，在理性与人道主义浪潮的涤荡之下，德国基督教的信仰困局未见好转，德国新教传教士顺势在不平等条约的庇荫下接踵入华，差传拓荒。巴陵会（Berliner Missionswerk，又习称信义会）[1]传教士正是在德国虔敬主义浪潮与西方殖民扩张运动的鼓荡之下，带着对中国的"理解前见"踏上东方异土，成为"近代最早来中国传教"[2]的德国新教传教团体之一，在广东、山东等传教地行医办学，并发展成为当地颇具影响力的教学与医疗组织。德国神学家、时任巴陵会委员会成员的尤利乌斯·里希特（Julius Richter）撰写《基督教会的形成》一书声援巴陵会对华传教，他在《弁言》中表示，支撑起整个东亚文化的中华文明曾创造伟大的文化成就，为中国人民提供了增强凝聚力的精神框架，而西方文化的注入改变了中国文化的孤立状态，中西方文化的多元融合"为人类历史翻开新的一页"。于这一动荡时期入华宣教的德国巴陵会传教士正是中国这一历史时期的见证者和中西文化融合的推动者，亲身参与经历中国"这个沉睡巨人"的觉醒与挣扎。[3]

---

[1] 最初德文名为 Die Gesellschaft zur Beförderung der evangelischen Missionen unter den Heiden，意为"促进在非基督徒间开展新教传教的协会"。1908年，巴陵会德文名改为 Berliner Missionsgesellschaft（BMG），1992年再次易名为 Berliner Missionswerk（BMW），该名称沿用至今。笔者在本书第三章中较为详细地梳理和论述了巴陵会的建立及其在华传教史，兹不赘述。

[2] 李乐曾：《近代在中国的德国基督教传教团》，《德国研究》，1997年第3期，第25页。

[3] Julius Richter, *Das Werden der christlichen Kirche in China*, a.a.O., Vorwort, S. VII-IX.

在德国巴陵会入华传教的近70年间，来华传教士撰写了主题庞杂的传教报告、游记、小说等文本，从中国社会的总况概貌到中国人日常生活的惯习细节均予以细致描摹，文本横跨社会学、历史学、人类学、地理学、图像学，以及文学等多重领域，是不可多得的珍稀文献。巴陵会作为虔敬主义浪潮下成长建立的传教差会，虔敬主义是其基督教信仰的思想源流，虔敬派传教士将《圣经》视作"基督徒的灵魂"[1]，对耶稣受难表现出"狂热崇拜"[2]，"只想为羔羊赢得灵魂"，"偏爱最贫穷的人"[3]，"将救赎之善传递给他人"[4]。这些典型的虔敬主义思想内核规约和框范着巴陵会传教士对中国的审视视角，清晰地渗透在其撰写的传教文本[5]中。与此同时，与威廉二世的"时代精神"更为契合的"殖民传

---

[1] 李富森：《德国虔敬主义的发展及影响》，《临沂大学学报》，2013年第6期，第35页。
[2] 同上，第36页。
[3] Heinrich Frick, *Die evangelische Mission. Ursprung, Geschichte, Ziel*, a.a.O., S. 170.
[4] Ebd., S. 172.
[5] 在已掌握的德语文献中，传教士撰写的文字著述大多使用"传教文本"（Missionsschriften）和"传教文学"（Missionsliteratur）两种概念表述。托马斯·斯特恩斯·艾略特将"传教文学"定义为"真诚地渴望促进宗教事业的人们所写的文学作品"，但笔者认为，德国巴陵会对于"传教文学"的定义范围包括但不拘囿于文学体裁，其与今天意义上的"文学"概念并非异域相等词，其内涵亦并非如今德语语境中世俗意义上以小说、诗歌、戏剧、散文等文类组合而成的抽象概念，而是涵盖与传教事业相关的所有文献著述与一般出版物，与"传教文本"这一概念的指涉对象近乎重合。但与此同时，德国巴陵会的传教士文本亦并非与文学性完全绝缘，传教文本的文字风格依循传教士不同的写作风格而异，作为一种声援差会传教事务的"宣传文学"（Werbeliteratur）（Gustav Warneck, *Abriß einer Geschichte der protestantischen Missionen von der Reformation bis auf die Gegenwart*, S. 49.），差会出版社对书写者文字的生动性和吸引力提出要求，因而亦不乏传教士以失实的文字呼应巴陵会传教协会出版社对形象感与故事性的渴求。

教"不断涌现，为了保持原本的影响力，巴陵会传教士亦尝试在一定程度上迎合彼时的时代潮流，努力将"信仰传教"与"德国殖民主义的野心"有机结合[1]，在信仰与世俗之间寻求微妙的平衡，此种矛盾心态亦在传教士文本中有迹可循。

第二节　德国巴陵会馆藏文献概介

在德国巴陵会传教士在华传教期间，留下了大量有关中国的文字记录。这些珍稀的史料文献藏于位于德国柏林格奥尔根教堂大街69号的巴陵会图书馆中。在这些传教出版物中，巴陵会传教出版社纂辑刊行的传教手册是差会广泛发行的传教宣传文本，在1890—1937年间陆续出版《新传教文集》（*Neue Missionsschriften*，1890—1907）、《儿童传教文集》（*Missionsschriften für Kinder*，1890—1906）、《新传教文集（新系列）》（*Neue Missionsschriften [Neue Folge]*，1905—1937）、《儿童传教文集（新系列）》（*Missionsschriften für Kinder [Neue Folge]*，1909—1914）、《儿童传教文集·新系列》（*Kindermissionsschriften. Neue Folge*，1926—1936）和《小开本儿童传教文集》（*Kleine*

---

[1] Lydia Gerber, *Von Voskamps „heidnischem Treiben" und Wilhelms „höherem China". Die Berichterstattung deutscher protestantischer Missionare aus dem deutschen Pachtgebiet Kiautschou 1898-1914*, Gossenberg, 2008, S. 27-28.

Kindermissionsschriften，1937）等传教系列手册，每种发行规模5—91册不等，但制式基本统一，以单行本的形式刊发，其中来自中国传教区的作品近60册。巴陵会发行的传教手册并非胶着于新教教义的纯粹宗教性文本，具有极强的叙事倾向，涉及近代中国社会百态、民众群像、礼俗事象、民间传说、宗教信仰以及最为偏重的信徒证道故事等母题。重要的是，这些出版于世纪之交的传教出版物在当时的德国堪称一种"大众文学"，拥有广泛的读者群体，对于同时代基督徒的中国形象认知"有着深远影响"，尤其对于德国乡镇的基督徒来说，这些文本是他们"感知非基督教异域"的"主要信息来源"。[1] 此外，因沿循相近的叙事逻辑和书写动机，或基于相似的观察原型，传教手册的文本内容存在互相借鉴、利用的情况，呈现出明显的互文现象，随文刊印的插画也多有重复。若将考察范围延扩至同期德国来华新教传教士，文本之间的相互关联与征引则更为常见，诸如和士谦（Carl Johannes Voskamp）在《龙旗之下与十字架标志》（*Unter dem Banner des Drachen und im Zeichen des Kreuzes*，1900）一书中针对儒家学说表述的看法便是对花之安（Ernst Faber）观点的全盘接收，尽管两人各属不同的传教差会，秉持相异的传教理念。因此，巴陵会传教手册在一定程度上间接呈现了彼时新教来华传教群体的对华态度，清楚反映出中国是如何在"西传"的过程中被

---

[1] Lydia Gerber, *Von Voskamps „heidnischem Treiben" und Wilhelms „höherem China". Die Berichterstattung deutscher protestantischer Missionare aus dem deutschen Pachtgebiet Kiautschou 1898-1914*, a.a.O., S. 20.

绪　论

虚构、歪曲，最终形成至今仍旧根深蒂固的谬误形象。

此外，故事集《中国传说和童话》，长篇小说《狗圶——中国人及其家庭生活》《中国妻子》，杂文集《在龙的魔咒和十字架的标志下》《紫禁城》等传教士作品亦是本书考察的对象文本。

不同于同期来华的德国外交官、作家、商人等群体，传教士狂热的宗教信仰使其在感知与审视中国时镀上宗教的滤镜，不同的关注倾向与感知方式营构出相异的中国图景。作为德国虔敬派传教差会，巴陵会传教士追求"基督再临"和"神圣新秩序"，他们以努力实现"中国归主"为宗教理想和行为动力，广布教义和发展海外传教被认为是实现追求的直接体现和途径。巴陵会传教士认为，基督教是西方社会全面进入现代化发展的重要因素，现代化文明被视作基督教文化的组成部分。面对深受帝国主义侵扰的中国民众的本能拒斥和敌视，作为垦荒者的巴陵会传教士面临或退守故土，或勇毅迎战的两难抉择，过度的信仰内化令传教士的思维方式常陷于入主出奴的二元对立困局，困守于基督教—"异教"、光明—黑暗、高尚—堕落等结构化对立中。德国巴陵会传教士所建构的中国形象是摇摆于真实与想象之间的半虚拟图景，本书以爱德华·瓦迪厄·萨义德（Edward Wadie Said，1935—2003）的东方主义为理论依据，采用文本细读的分析方式，从整体和内部两个面向深入文本，梳理概括以德国为认识主体的巴陵会传教手册所建构的主观中国镜像，解构传教士的东方主义话语逻辑，探究传教士采用的典型叙事策略。从巴陵会传教士对相关中国事象的载述与想象中，挖掘传教士群体的叙事心理，探讨传教士书写者在"严肃、真实、忠实"的出版原则背后潜藏的隐性书写倾向，及其与基督教意识形态和西方社会文化导向之间的关联。

第三节 德国传教士与德国巴陵会研究现状述略

纵观学界有关西方来华传教士的研究成果，德国来华传教士较英美传教团体而言，不论从研究数量、研究对象，抑或研究进路上，均存有相当的研究空间。国内有关德国传教士的研究内容和方向主要围绕卫礼贤（Richard Wilhelm）、花之安、郭实腊（Karl Friedrich August Gützlaff）等较知名的德国新教传教士生平及其在华传教活动、汉学著述、传教方式，对中国文化、宗教信仰及经典古籍的译介、阐释与传播。有关德国来华传教士生平、著述及在其华主要传教活动的代表性研究成果有：陶飞亚和刘天路合著的《基督教会与近代山东社会》[1]，概述了近代山东传教区的西方新教传教差会及其布道活动，以及对山东近代医疗、教育事业的影响与贡献；该论著的第八章围绕来华新教传教士笔下的中国观展开，德国传教士涉及花之安和卫礼贤，不包含巴陵会传教士，揭露传教士虽在主观上力图客观地介绍中国，但不能完全超越无意识的宗教与文化偏见，因而不可避免地存在诸多误解和

---

[1] 陶飞亚、刘天路：《基督教会与近代山东社会》，山东大学出版社，1995年。

歪曲。顾长声《从马礼逊到司徒雷登——来华新教传教士评传》[1]专辟两章简要概述郭实腊和花之安的生平及其在华传教与文化活动。研究论文包括：杨武能《卫礼贤——伟大的"德意志中国人"》[2]、孙立新《从中西文化关系角度看19世纪德国新教的中国传教》[3]，以及严匡禧《近代外国传教士对中国的影响——以花之安和〈自西徂东〉一书为中心》[4]等。

从西方现代性角度，研究德国传教士对中国近代社会医学、教育及中西文化交流的影响与促进，以及对中国儒释道、中国典籍的解读与译介相关研究成果有：郑天星《传教士与中学西渐——以德国汉学家卫礼贤为中心》[5]、孙立新《卫礼贤论东西方文化》[6]、郭卫东《论中国近代特殊教育的发端》[7]、孙立峰《论花之安的教育观和宗教文化观》[8]、李雪涛《孔子的世界性意义——卫礼贤对孔子的阐释及其对我们今天的启示》[9]、方维规《两个人和

---

[1] 顾长声：《从马礼逊到司徒雷登——来华新教传教士评传》，上海人民出版社，1985年。
[2] 杨武能：《卫礼贤——伟大的"德意志中国人"》，《德国研究》，2005年第3期。
[3] 孙立新：《从中西文化关系角度看19世纪德国新教的中国传教》，《文史哲》，2003年第5期。
[4] 严匡禧：《近代外国传教士对中国的影响——以花之安和〈自西徂东〉一书为中心》，《历史教学问题》，2004年第3期。
[5] 郑天星：《传教士与中学西渐——以德国汉学家卫礼贤为中心》，《宗教学研究》，1997年第2期。
[6] 孙立新：《卫礼贤论东西方文化》，《中国海洋大学学报》，2003年第1期。
[7] 郭卫东：《论中国近代特殊教育的发端》，《教育学报》，2007年第3期。
[8] 孙立峰：《论花之安的教育观和宗教文化观》，《河北学刊》，2011年第5期。
[9] 李雪涛：《孔子的世界性意义——卫礼贤对孔子的阐释及其对我们今天的启示》，《读书》，2012年第8期。

两本书——荣格、卫礼贤与两部中国典籍》[1]，及李海军与范武邱合著《郭实腊对〈红楼梦〉的误读——论〈红楼梦〉在英语世界的首次译介》[2]等。

中国学界研究德国传教士笔下的中国观及其中国研究的成果同样重点围绕郭实腊、卫礼贤和花之安等传教士汉学家。相关研究结果包括：刘天路撰写的《德国传教士尉礼贤的中国观》[3]探讨分析了卫礼贤针对中国文化和中国人性格发表的"具有高度思辨性"的论点；孙立新的《评德国新教传教士花之安的中国研究》[4]论述了花之安对中国人生活和思想的看法，认为花之安的中国书写只是以传教为目的，缺乏"中西文化交流的自觉意识"；另有张翰轶的硕士论文《德国新教传教士郭实腊的中国观及其传教策略》[5]概述郭实腊对中国的语言、宗教、医学、城市与中国人的看法，并对郭实腊眼中的中国观加以勾勒。

综之，囿于文献查阅的困难或语言的限制，国内的研究对象较多围绕若干较具知名度的德国传教士汉学家。虽然以上研究成果并不涉及巴陵会传教士，但同时代来华的德国新教传教文本之间存在一定关联，时常彼此借鉴，学界现有的研究视角为本书提

---

[1] 方维规：《两个人和两本书——荣格、卫礼贤与两部中国典籍》，《清华大学学报》，2015年第2期。

[2] 李海军、范武邱：《郭实腊对〈红楼梦〉的误读——论〈红楼梦〉在英语世界的首次译介》，《山东外语教学》，2013年第3期。

[3] 刘天路：《德国传教士尉礼贤的中国观》，《中国海洋大学学报》，2003年第4期。

[4] 孙立新：《评德国新教传教士花之安的中国研究》，《史学月刊》，2003年第2期。

[5] 张翰轶：《德国新教传教士郭实腊的中国观及其传教策略》，硕士学位论文，上海外国语大学，2018年。

绪　论

供了诸多参考和启发。

德国学界对本国至华传教士的相关研究围绕德国在华传教史、传教与帝国殖民主义之间的关联，如霍斯特·格林德尔《基督教传教与德国帝国主义——德国殖民期间（1884—1914）的中非政治关系史》[1]一书及其论文《自由派传教士在原德国"租界"胶州（中国）的传教活动》[2]，汉斯·马丁·欣茨与克里斯托弗·林德合著《青岛——中国殖民史中的一章（1897—1914）》[3]等；或围绕德国传教士生平，通过考察来华传教士生前往来信件、报告、工作记录等，以类似传记的形式概述其在华传教活动与传教贡献，研究成果如赫尔曼·施吕特撰写的《在华传教士郭实腊与他的故乡基础——关于郭实腊传教兴趣与其作为传教开创者的研究》[4]、保尔·克兰茨《花之安——基督教信仰代言人》[5]、施特凡·普尔《薛田资（1869—1928）——帝制与民国时期的来华传教士》[6]，以及威廉·施拉特《巴色会传教士黎力基生平传

---

[1] Horst Gründer, *Christliche Mission und deutscher Imperialismus: Eine politische Geschichte ihrer Beziehungen während der deutschen Kolonialzeit (1884-1914) unter besonderer Berücksichtigung Afrikas und Chinas*, Paderborn, 1982.

[2] Horst Gründer, „Liberale Missionstätigkeit im ehemaligen deutschen ‚Pacht-Gebiet' Kiautschou (China)", in Liberal 22 (1980), S. 522-529.

[3] Hans-Martin Hinz, Christoph Lind (Hrsg.), *Tsingtau. Ein Kapitel deutscher Kolonialgeschichte in China 1897-1914*, Berlin, 1998.

[4] Herman Schlyter, *Der China-Missionar Karl Gützlaff und seine Heimatbasis. Studien über das Interesse an der Mission des China-Pioniers Karl Gützlaff und über seinen Einsatz als Missionarserwecker*, Lund, 1976.

[5] Paul Kranz, *D. Ernst Faber. Ein Wortführer christlichen Glaubens*, Heidelberg, 1901.

[6] Stephan Puhl, *Georg M. Stenz SVD (1869-1928)-Chinamissionar im Kaiserreich und in der Republik*, Nettetal, 1994.

记》[1]等；围绕德国传教士卫礼贤作为中德、中西方文化传播者及其汉学贡献的相关研究成果包括张君劢《世界公民卫礼贤》[2]、克劳斯·赫尔施《卫礼贤——两个世界的信使》[3]、所罗门尼·威廉《卫礼贤——中欧精神信使》[4]，以及孙立新《从传教士到汉学家——花之安及其中国文化研究》[5]等。

有关德国新教来华传教士笔下中国观的研究成果包括德国汉学家傅吾康（Wolfgang Franke）的《中国与西方》[6]一书，该著作详细论述了16至20世纪中国与欧洲的相遇与接触，以欧洲来华传教士为主要考察群体，爬梳从意大利传教士利玛窦入华传教到鸦片战争以后新教传教士的教务活动，以及中国民众做出的相应反应。值得一提的是，作为一名西方汉学家，傅吾康摆脱了西方著述者惯常潜隐于文字背后的西方中心主义话语系统，批判西方对中国施予的宗教与文化霸权，以客观的笔触勾勒出历史上中欧两方的关系流变，试图以西方人的角度为遭遇歪曲与丑化的中国形象正名。该著作虽未专注于德国来华传教团体，但对于理解和把

---

[1] Wilhelm Schlatter, *Rudolf Lechler. Ein typisches Lebensbild aus der Basler Mission in China*, Basel, 1911.

[2] Carsun Chang, „Richard Wilhelm, der Weltbürger", in *Sinica* 5 (1930), S. 71–73.

[3] Klaus Hirsch, *Richard Wilhelm. Botschafter zweier Welten. Sinologe und Missionar zwischen China und Europa*, Düsseldorf, 1973.

[4] Salomone Wilhelm (Hrsg.), *Richard Wilhelm. Der geistige Mittler zwischen China und Europa*, Düsseldorf, 1956.

[5] Sun Lixin, „Vom Missionar zum Sinologen. Ernst Faber und seine Studien zur chinesischen Kultur", in *Berliner China-Heft* 17 (1999), S. 3–13.

[6] Wolfgang Franke, *China und das Abendland*, Göttingen, 1962.

绪 论

握西方来华传教士与中国之间复杂的变动关系颇有启发。此外，德国学者瓦尔特·德默尔的著作《作为在华外国人——早期欧洲游记镜像中的中华帝国》[1]将16至18世纪整个欧洲的旅华游记作为研究文本，通过考察欧洲来华传教士、商人和外交官的在华经历，揭示身处不同职业的书写者对中国的感知亦不尽相同。该著述对德国在华传教士旅华记述的探讨较为有限，未涉及巴陵会传教士。

德国汉学家罗梅君与余德美于1990年合作编撰出版的论文集《异域与现实——17世纪至今游记中的中国》[2]以时间为轴，论述从17、18世纪至今德国及欧洲旅华记述中的中国形象嬗变，文本作者涉及来华商人、外交官、记者、探险家、环球旅行者和传教士。涉及传教士中国叙事的论文共两篇，其中一篇为哈拉尔德·布罗伊纳和罗梅君共同撰写的《"以更开化的名义！"——1897—1914年殖民地时期》[3]，该文共6小节，在"作为旅行目的地的东亚与殖民地"和"冒险与日常"两节中可见德国来华传教士旅华报告的相关论述。文章首先论述德国来华外交官、旅行家海司（Ernst v. Hesse-Wartegg）等人对德占青岛时期的报道与记录，

---

1 Walter Demel, *Als Fremde in China: Das Reich der Mitte im Spiegel frühneuzeitlicher europäischer Reiseberichte*, München, 1992.

2 Mechthild Leutner, Dagmar Yü-Dembski, *Exotik und Wirklichkeit-China in Reisebeschreibungen vom 17. Jahrhundert bis zur Gegenwart*, München, 1990.

3 Harald Bräuner, Mechthild Leutner, „*Im Namen einer höheren Gesittung!" Die Kolonialperiode, 1897-1914*, in Mechthild Leutner, Dagmar Yü-Dembski (Hrsg.), *Exotik und Wirklichkeit-China in Reisebeschreibungen vom 17. Jahrhundert bis zur Gegenwart*, München, 1990, S. 41-52.

阐释巴陵会传教士和士谦在其日记与《离开青岛占领区》中对德军战役失败进行的文学性书写。在"冒险与日常"一节，长期旅居中国的德国传教士描摹中国农村生活的生动叙事被作者纳入民俗学研究范畴。作者认为，传教士作为唯一直接接触中国乡民的来华群体，其笔下的中国叙事更倾向于直观展现日常生活中面临的"负面"与"困境"，故而较为一致地呈现出否定趋向。书写者试图充当"文明传播者"的角色，文化相对主义在这一时期的旅华报告中难觅踪迹，中国叙事始终困囿于当时盛行于欧洲的"黄祸"言论，并未冲破西方人的"文化优越性"视角，如呼吁修正过去"过于正面的中国观"。旅居中国多年的巴陵会传教士来施那（Friedrich Wilhelm Leuschner）的妻子在作品中依旧将中国塑造为"巴别塔"和"平静而善意的外表下始终潜伏着猛蛇"的"敌国"。另一篇涉及传教士中国叙事的论文为《脱掉面具的中国——二三十年代德国学者、记者及传教士对中国的探索》[1]，作者罗梅君在"服侍主"（Im Dienste des Meisters）一节简要论述早期新教传教协会的几位代表人物，包括柏林同善会神学家兼传教学家约翰尼斯·韦特（Johannes Witte）、巴色会传教学家蔼谦和（Wilhelm Oehler）及乌珀塔尔盟会（Wuppertaler Allianzmission）传教事务负责人库特·齐默尔曼（Kurt Zimmermann）的旅华游记

---

[1] Mechthild Leutner, „China ohne Maske. Forschungsreisende, Berichterstatter und Missionare erschließen China in den 20er und 30er Jahren", in Mechthild Leutner, Dagmar Yü-Dembski (Hrsg.), *Exotik und Wirklichkeit-China in Reisebeschreibungen vom 17. Jahrhundert bis zur Gegenwart*, München, 1990, S. 67-78.

作品，并未涉及巴陵会传教士及其作品。这些作品除述及传教工作外，还论及中国哲学和宗教。作者认为，这些具有一定学术背景的传教学专业人士，一方面将中国视为"等待耕耘并收获果实的大地"，将自身视作中国宗教、医学、教育及文明领域的"拯救者"，虽可忍受"日常生活中的困境"和"旅行中的不幸"，但无法接纳中国的习俗和迷信，将其视为"宗教生活的退化"和"宣教路上的阻碍"，其游记文本旨在传达特定的中国信息，以期获得更加有益的政治、经济和传教支持。以上两篇论文提出了德国新教传教士群体中国书写的负面叙事倾向，但均未细致探究德国来华传教士所著游记的详细内容，其中涉及巴陵会传教士的文本数量相对有限，论述亦较为宽泛。

目前国内关于德国巴陵会传教士的研究大多将巴陵会归于德国新教来华传教士范畴，主要通过整理和爬梳传教士文本来回顾和阐释相关历史现象和问题，有关巴陵会及其所属传教士的独立研究成果较为有限。孙立新撰写的《德国新教传教士论义和团运动爆发的原因》[1]一文简要概括巴陵会在华传教情况，援引巴陵会传教士卢威廉（Wilhelm Lutschewitz）、和士谦对中国义和团运动的看法和诠释方式，揭示传教士与西方政治霸权的合谋关系及其欲将义和团爆发的原因归咎于中国人的话语倾向。田龄、王忠春合著的《德国占领青岛时期的文化政策及其实施》[2]论及德占青岛

---

[1] 孙立新：《德国新教传教士论义和团运动爆发的原因》，《深圳大学学报》，2012年第1期。
[2] 田龄、王忠春：《德国占领青岛时期的文化政策及其实施》，《史学月刊》，2007年第9期。

期间，巴陵会作为青岛当地"势力最大的教学组织"是如何被利用为德国的文化政策服务的。胡凯和张斐合作发表的论文《试析19世纪来华德意志人的中国祖先崇拜书写》[1]征引19世纪新教传教士、外交官、银行家等不同职业的来华西人对中国祖先崇拜的载述，揭示其受西方文明优越论的影响，对中国祖先崇拜的书写是当时中西文化权力关系的映射，是"他们在'认知中国'的掩饰下建构与支配中国的尝试"。李馨的硕士论文《来华传教士和世谦在1884年至1914年期间对中国的考察》[2]主要考察巴陵会传教士和士谦的《龙旗之下与十字架标志》和《紫禁城》两部作品，结合和士谦生平及在华传教经历，分析和氏对中国宗教礼俗及义和团运动的看法，论证分析和士谦虽长期旅居中国，但仍然无法冲破西方中心主义与传教士身份的阈限。李乐曾撰写的《近代在中国的德国基督教传教团》[3]以近代德国来华基督教传教团为整体，对比分析同时代德国天主教传教团体的在华传教活动，阐释各自活动特点与原因，探讨德国传教团在自觉或不自觉充当德国对华政治工具的同时对中德关系与文化交流的作用及影响。

德国学界，赫尔穆特·莱曼的论著《巴陵会150年传教史》[4]简要概括巴陵会在华传教的开端、在辛亥革命中遭遇重创以及之

---

[1] 胡凯、张斐：《试析19世纪来华德意志人的中国祖先崇拜书写》，《北京大学学报》，2021年第6期。

[2] 李馨：《来华传教士和世谦在1884年至1914年期间对中国的考察》，硕士学位论文，上海外国语大学，2021年。

[3] 李乐曾：《近代在中国的德国基督教传教团》。

[4] Hellmut Lehmann, *150 Jahre Berliner Mission*, Erlangen, 1974.

后的重建工作。类似的研究专著又如传教学家尤利乌斯·里希特的大部头著作《巴陵会史1824—1924》[1]在一单独章节中翔实介绍巴陵会在中国广东地区和山东胶州两地传教的前续、背景和主要传教工作。该著作与莱曼论著的不同之处在于额外加入差会传教监督员储秘（Sauberzweig-Schmidt）和差会总负责人西格弗里德·克纳克（Siegfried Knak）的两次中国访察，有关差会在华传教史的介绍较莱著更为翔实清晰。

此外，米尔漾·弗赖塔格撰写的《中国的女性传教：女传教士的跨文化与教育意义研究——基于1900至1930年的报告》[2]一书着眼于德国新教来华女传教士群体，探讨影响女传教士中国文化感知的主要因素，揭示女传教士在其传教报告中传达的教育意义及传教报告对德国读者产生的影响。作者开篇梳理了德国女性传教和新教在华传教历史，主体部分着重分析15部德国新教女传教士在1900至1930年间撰写的中国报道，文本涉及巴陵会传教士妻子洛蒂·科尔斯（Lotti Kohls）和玛丽·肖尔茨（Marie Scholz），科尔斯同时也是一位作家，著作所揭示的女传教士在华遭遇的跨文化交际困境是其笔下中国叙事呈现出"负面"镜像的主要原因，同时也因负面叙事符合西方对东方"异教徒"的典型设想。该书研究视角及方法较为新颖，为本书女传教士作者的文本剖析提供了思路。

1　Julius Richter, *Geschichte der Berliner Missionsgesellschaft 1824–1924*, Berlin, 1924.
2　Mirjam Freytag, *Frauenmission in China. Die interkulturelle und pädagogische Bedeutung der Missionarinnen untersucht anhand ihrer Berichte von 1900 bis 1930*, Münster, 1994.

埃林·冯·蒙德撰写的《关于第一次世界大战前德国新教在华传教的若干看法》[1]着重论述西方对德国新教在华传教事业和传教士群体的几类观点，论述了传教士群体的社会身份及其因宗教狂热而遭遇本国民众的嘲弄和拒斥，诸如商人、外交官、新闻记者等其他在华非传教团体也呈现出"明显的反传教倾向"[2]，言明传教士群体的尴尬处境和亟待通过传教打开局面、改善社会角色的迫切性。作者深入探讨西方人眼中影响传教士负面中国书写的多重缘由：政治因素、传教士个人书写倾向，以及被西方社会意识形态放大的中国人的仇外与敌对心态，直言新教对华传教不啻一种夹带政治经济入侵的宗教侵略。该论文未摘引具体传教士文本加以阐述，但呈现了部分西方读者的审读视角与思考。

中国学者孙立新的德文专著《19世纪德国新教传教士的中国观——关于文化间接触和感知问题的一项个案研究》[3]首先概括了19世纪以前西方的中国观，从欧洲人最早的中国认知到由耶稣会士传递的中国文化，以及西方感知中国的"范式转向"。作者随后梳理了19世纪德国新教在华传教历史，从新教跨洋传教的兴起到中国民众的反传教抗争，并对德国新教传教士在华传教区和传教活动加以介绍。孙著选取德国四个传教协会（巴色会、礼贤

---

[1] Erling von Mende, „Einige Ansichten über die deutsche protestantische Mission in China bis zum Ersten Weltkrieg", In: Kuo Heng-yü (Hrsg.), *Von der Kolonialpolitik zur Kooperation. Studien zur Geschichte der deutsch-chinesischen Beziehungen*, München, 1986, S. 377–400.

[2] Ebd., S. 385.

[3] Sun Lixin, *Das Chinabild der deutschen protestantischen Missionare des 19. Jahrhunderts. Eine Fallstudie zum Problem interkultureller Begegnung und Wahrnehmung*, Marburg, 2002.

会、巴陵会、同善会）中较具代表性的来华传教士撰写的长篇旅华报告作为主要研究文本，对中国历史、语言、文学、宗教、教育、医疗、政治、经济和社会民生几个方面进行总结和分析，揭示19世纪德国新教传教士的思维方式带有典型的种族中心主义特征与精神文明优越感。孙著发表时间较早，为学界对于德国新教传教士中国叙事的研究提供了重要借鉴。

莉迪娅·格贝尔的专著《和士谦"异教的行为"与卫礼贤"崇高的中国"——德国胶州租借地德国新教传教士的报告1898—1914》[1]比较研究了德国巴陵会和同善会来华传教士在德占青岛期间撰写的中国报道，着重对比来自两个传教差会的和士谦和卫礼贤各自笔下的中国图景，文本涉及传教差会官方发表的工作日志、传教士日记和信稿节选等，按照题材与时间分段论述。作者梳理了两大传教会在华传教的神学背景与殖民主义立场，论述其对传教士在华教务发展和中国报道的内在影响，详细回顾了两大传教协会在青岛的传教工作，涉及卢威廉、昆祚（Adolf Kunze）、花之安等在华传教士的生平及中国同工的相关介绍。第四—七章为主体部分，作者选择性概括了两个传教差会在华传教士的作品及其受众，将传教士笔下的中国报道划分为三个时间段分别论述，以此揭示两个传教协会即使在相同的时间、地点传教和撰写报告，依然可呈现出不同的中国形貌：两个传教协会对

---

[1] Lydia Gerber, *Von Voskamps „heidnischem Treiben" und Wilhelms „höherem China". Die Berichterstattung deutscher protestantischer Missionare aus dem deutschen Pachtgebiet Kiautschou 1898–1914*, a.a.O.

待中国精神传统、社会结构和中国的政治发展等方面都呈现出近乎相同的观点与态度，但对于中国儒家文化占据主导的社会制度和中国基督徒的看法却截然不同。该著作内容翔实，结构紧凑，为本书的撰写带来一定启发和补充。

相较而论，孙立新和莉迪娅·格贝尔的专著对德国新教来华传教士文本中的中国叙事进行了较为翔实的归纳与论述，两篇成果均文本资料丰富，但因涵盖的内容涉及多个德国传教差会，内容庞杂，较难从文本内部的叙事层面深入探讨分析。当下，德国新教来华传教士用德语撰写的传教文本研究仍面临较为尴尬的学术处境：既未被文学研究者纳入研究范畴，又未获宗教研究者的足够重视。作为典型的传教文本和流通广泛的大众化宗教读物，德国巴陵会刊行的传教手册与其他传教士旅华著述成为德国读者，尤其是德国基督徒社群瞭望中国这一东方异域古国的重要窗口，承载宗教传播与文化交流的双重功能，不仅在很大程度上构筑了德国人对中国的原初认知，并在此后很长时间内持续发挥着影响，对于考察清末民初的中国历史文化与社会民俗亦具有潜在价值。考察德国巴陵会图书馆丰富的馆藏文献，有助于我们认识和把握清末民初中国文化传统在西方的落地与传衍。在中国同世界的联系空前密切的当下，回溯近代德国传教士与中国人对话的历史语境，分析德国传教士中国书写背后的认知符码，揭示基督教文化影响下德国人认知他者的民族心理与思维范式，有助于推动中德异质文化间的对话与理解，具有现实观照意义。

第一章
西方传教士中国书写与东方主义叙事

第一节　西方传教士中国书写的嬗变与转向

论及历史上传教士中国观的嬗变，可用"从仰慕到排斥"和"从求同到对立"[1]概括之。16、17世纪，欧洲的中国观主要依靠来华耶稣会士形塑。不同于马可·波罗在游记中编织的令人神往的、沉浸在传说和童话中的中国图像，耶稣会士因与中国儒士官绅交往密切，关注到更多中国的伦理、政治、文学与哲学，他们将了解到的中国传统和哲学伦理融于报告之中，向欧洲母国传递了一个"有教养的道德异教徒"[2]形象。中国虽被耶稣会士冠以"异教徒之邦"的恶名，但被视作与欧洲拥有同等地位与文明水平的文化体，是一个"文科昌盛""在繁荣中享受安宁与和平"的强大帝国，拥有"理性的戒律""崇高的国家伦理"和"高尚

---

[1] 张志刚：《史料、史实与史证——重估"传教士所撰中国文献"的价值》，《世界宗教文化》，2019年第5期，第22页。

[2] Adrian Hsia, „Chinesien. Zur Typologie des anderen China in der deutschen Literatur mit besonderer Berücksichtigung des 20. Jahrhunderts", in *Arcadia* 25 (1990), S. 44–65, hier S. 45.

纯洁的道德法则"。[1]

这一积极正面的中国形象一方面源于彼时的中国正逐步达致政治与文化的高峰，而经历了三十年战争等重大历史变革，长久四分五裂、战乱不断的欧洲正呈现出贫穷凋敝的衰颓图景，当时和平繁盛的中国在诸多方面远胜于欧洲。"当欧洲的反宗教改革[2]已然搁浅，向中国传教变得愈发有价值"[3]，因而另一方面，耶稣会士出于传教需求，对中国文化的审视与阐读大体上秉持"求同"的认知理念，试图在中国文化中找寻基督教文化的相似之处，诸如从"中国古代宗教中寻找原始基督教的痕迹"，或是"在中国早期历史中寻找圣经创世记的踪影"与"上帝和初民的声音"，从而实现基督教文化的平滑"嫁接"和"移植"。[4]17世纪的礼仪之争令中国的正面形象臻至高潮，耶稣会士为改善自我处境，竭力向母国民众传达理想的中国图景，并在出版前进行"非常仔细的编辑"[5]，凡不利于中国、与基督教难以调和的言论均被剔除。这一时期的中国形象是被传教士高度理想化的，描述中极尽溢美之词，极力将远方的中国塑造为令人神往的乌托邦之境，此时对传教士来说，中国的"唯一弱点"是"非基督教国家"。[6]浪漫而

---

[1] Wolfgang Franke, *China und das Abendland*, a.a.O., S. 55.

[2] 反宗教改革是指16—17世纪罗马天主教会用以对抗宗教改革和新教所进行的改革运动。

[3] Mirjam Freytag, *Frauenmission in China. Die interkulturelle und pädagogische Bedeutung der Missionarinnen untersucht anhand ihrer Berichte von 1900 bis 1930*, a.a.O., S. 55.

[4] 参见张志刚：《史料、史实与史证——重估"传教士所撰中国文献"的价值》，第23页。

[5] Wolfgang Franke, *China und das Abendland*, a.a.O., S. 55.

[6] Adrian Hsia, „Chinesien. Zur Typologie des anderen China in der deutschen Literatur mit besonderer Berücksichtigung des 20. Jahrhunderts", a.a.O., S. 48.

充满异国情调的中国被视作"欧洲的补充"[1]，绞合进西方的宗教、哲学与政治之中，不仅成为欧洲各国思想家用以抨击本国弊害的有力素材，亦影响甚至引领了欧洲人优雅的生活方式，中国元素被广泛应用于欧洲的建筑、园林和装饰品中，并逐渐发展为彰显中国异质性、奇特性与神秘性的代表物。

发展至18世纪中叶，西方传教士中国形象的营构由认同转至"对立"，来华耶稣会士对中国文化的积极评价逐渐销声匿迹，取而代之的是日渐强烈地认识到中西文化间的差异性和对立性，中国转而被塑造为一个缺少历史的、停滞僵化的国度。中西礼仪之争后，耶稣会士在华教务中断，不再向母国持续输送有关中国的传教纪闻，中西思想文化交流随之停滞。在之后很长一段时间里，欧洲对于中国的认知还停留在东西文化交流中断前的排斥与"对立"阶段，早期耶稣会士建构的"中国神话"逐渐祛魅。

19世纪中叶，随着欧洲社会逐渐完成现代化转型，过去对秩序和稳定状态的追求早已变为对停滞和静止状态的蔑视，中国被西方视作可供掠夺的对象和自我发展的警示。在用坚船利炮敲开中国国门之后，不断膨胀的欧洲中心主义深化了欧洲的负面中国印象，启蒙思想家塑造的积极正面的中国形象渐次被一种殖民主义视角所替代，对中国的这种普遍偏见与看法在很大程度上影响

---

1 Adrian Hsia, „Chinesien. Zur Typologie des anderen China in der deutschen Literatur mit besonderer Berücksichtigung des 20. Jahrhunderts", a.a.O., S. 48.

了19世纪西方新教来华传教士群体的中国想象，奠定了他们对即将前往的异土他乡的"第一印象与感知模式"[1]。

相较于17、18世纪的西方天主教传教士同僚，受政治势力庇护的新教传教士往往更加"圣经中心主义"[2]和欧洲中心主义，"以一种与基督徒不相符的自负态度将中国人视作'没有教养的异教徒'……对中国人及其文化表现出缺乏理解力的、极具倾向性的和充满仇恨性的评判态度"[3]，对中国的态度从早期耶稣会士的"正视中国"转为"征服中国"，通过持续输送回母国的文字报告，在西方教民眼中形塑了一个颓丧衰败、隐忍静默、桎梏于原始想象与套话中的中国形象。19世纪末20世纪初，受西方文化搅动，清末民初的中国社会开始寻求自我实现与突破，欧洲在对"腐化"的中国社会与"低劣"的国民特性的"鄙视"以及对中国觉醒并做出反抗的深切恐惧中摇摆，加之中国人口相较于欧洲的绝对多数，催生了横行于欧洲的"中国威胁论"，即"黄祸论"，这一杞人忧天式的中国想象也在一定程度上构筑了同时代来华传教士审视中国的思维底色。诸如巴陵会传教士和士谦便试图利用"黄祸论"为其对华传教事务"摇旗呐喊"，将对中国的福音化言说为阻挡"黄祸"蔓延至西方的有效途径：

---

1 Doris Kaufmann, *Frauen zwischen Aufbruch und Reaktion. Protestantische Frauenbewegung in der ersten Hälfte des 20. Jahrhunderts*, München, 1988, S. 158.

2 Adrian Hsia, „Chinesien. Zur Typologie des anderen China in der deutschen Literatur mit besonderer Berücksichtigung des 20. Jahrhunderts", a.a.O., S. 50.

3 Wolfgang Franke, *China und das Abendland*, a.a.O., S. 68.

毫无疑问，归化中国是本世纪教会最为重要的事业之一，对于中国的未来也非常重要。中国开放程度越高，流向外国的移民潮越是猛烈。这个民族已对移民到远方产生强烈的冲动。中国人比任何其他地方的工人更有意愿，也更加便宜、勤恳和孜孜不倦……少数人是易于管理和顺从的，大多数表现出对权力的渴望与顽固的品性……中国人将他们的恶习与麻风病带到国外，破坏和腐化周围的人。

在中国人大量聚集的所有国家都会出现黄种人与白种人的纷争……这一灾祸（"黄祸"）已变得更加严重，当他们将又一个成吉思汗带到西方，并将他的部落从阿穆尔河河口带至多瑙河的源头，到那时"黄祸"还会随着中国人经济竞争力的提高而愈演愈烈。[1]

西方来华传教士对中国形象的塑造从美化转向丑化，一方面缘于19世纪跨洋贸易与传教活动的发展使欧洲对中国的了解不再局限于道听途说或是以往浮光掠影的载述，取而代之的是基于客观现实的亲历感受，所谓"真实的"中国形貌逐渐浮出水面。另一方面，由于彼时西方在经济政治军事等领域均已基本完成现代性革新，当处于后现代工业文明阶段的西方与衰落中的前现代农业文明阶段的中国相遇，旧有的东西方平衡被打破。就德国传教士而论，经济的繁荣与技术的进步令德国民众的文化中心主义意

---

[1] Carl Johannes Voskamp, *Unter dem Banner des Drachen und im Zeichen des Kreuzes*, Berlin, 1900, S. 119f.

识与民族优越感愈加强烈，使德国对当时发展乏力的中国更加轻视，中国被19世纪欧洲历史学家论批为"永远停滞的、没有历史的民族"[1]。部分德国学者个人的游历和研究报告并不能改变欧洲人对于一个历史悠久的，但正走向衰败的文化体根深蒂固的负面印象，中国通常被欧洲人认为是由"房客、人力车夫、喧嚣熙攘的人群、逆来顺受的租地农民、荒唐可笑的官员和低级电影中的恶棍流氓"[2]所操控的国度。德国汉学家傅吾康在《中国与西方》中就这一现象论述道："中国人要么被描述为不文明的、低劣的和堕落的，要么被描述成奇怪的生物，以各种方式被讥刺和逗弄。有关中国人的一切都被歪曲成荒谬和离奇的。"[3]

此外，19世纪和20世纪初的德国大众文学与新闻界也并未对"真实的中国"表现出兴趣，中国持续沦为德国媒界的揶揄对象，他们认为"极具映射性地、带有异国荒谬色彩地描绘中国图景，要比认真描述现实更能取悦读者"[4]，这一行为现象遵循了形象学的一种基础范式，即"人们在构建他者形象或自我形象的时候，很懂得追求所谓的'时代感'，或曰投其所好地满足受众的需求。这类形象的构建似乎越是蹩脚和肤浅，越是能畅销"[5]，以此强化德国

---

1 Wolfgang Franke, *China und das Abendland*, a.a.O., S. 119.

2 Doris Kaufmann, *Frauen zwischen Aufbruch und Reaktion. Protestantische Frauenbewegung in der ersten Hälfte des 20. Jahrhunderts*, a.a.O., S. 158.

3 Wolfgang Franke, *China und das Abendland*, a.a.O., S. 120.

4 Ebd.

5 方维规：《谁造就了"史密斯热"？——就〈中国人的特性〉与诸学者商榷》，《中国图书评论》，2009年第3期，第64页。

人的"虚荣心和自我满足感"[1]。正如东方主义理论家萨义德所强调的，东方主义者在构建东方时的普遍行为是，一方面尽可能全面广泛地搜集、了解有关东方的知识，另一方面又力图满足西方的需要。"西方文化传统中，有两种'东方主义'，一种是否定的、意识形态性的东方主义，一种是肯定的、乌托邦式的东方主义。"[2] "肯定的、乌托邦式的东方主义"是西方文化传统中东方主义的本源意涵，是18世纪中后期欧洲正面中国观发生转向之前的东方主义形态，而伴随着欧洲中国观的巨大转变，东方主义也发生了从乌托邦式向意识形态的转变。东方主义话语是西方对东方的想象过滤和建构控制，拆解西方强势话语书写与阐释模式、追求多元文化对立共生是萨义德东方主义理论研究的核心内涵，该理论为考察德国巴陵会传教手册等馆藏文献提供了恰切的研究视角和阐释框架。

第二节 东方主义及其叙事特征

东方主义由美籍巴勒斯坦阿拉伯裔后殖民主义理论家、文学批评家萨义德在其1987年发表的著作《东方学》（或译作《东

---

[1] Mirjam Freytag, *Frauenmission in China. Die interkulturelle und pädagogische Bedeutung der Missionarinnen untersucht anhand ihrer Berichte von 1900 bis 1930*, a.a.O., S. 57.

[2] 周宁：《另一种东方主义：超越后殖民主义文化批判》，《厦门大学学报》，2004年第6期，第5页。

主义》）中提出。在阐述东方主义概念之前，萨义德首先解释了何为"东方"，简而言之就是"欧洲人的发明"，一种非真实存在的东西，目的在于建立一个他者形象或自身的对立面，以界定和确证自我身份。"东方"是西方视角下的地理方位界定，是萨义德定义下的"想象地理学"[1]，因而东方主义也是从西方中心主义出发的话语体系。

萨义德在书中概括了东方学（Orientalismus）的三个层面：在学术研究层面，作为一门学科；在文学创作与文学理论批评层面，作为一种将东西方二元划分的思维方式与想象方式；在国际关系与区域政治层面，作为一种权力话语方式和意识形态。[2]东方主义研究并非针对东方本身的学术性研究，也不是历史性地考证东方主义话语的正确性，而是"基于对'东方'与'西方'区别之上的一种本体论和认识论的思维方式"[3]。萨义德批判西方中心主义和将东西方二元划分的结构化思维范式，揭示西方文化话语力量，阐明西方如何通过东方主义话语来诠释、建构和统治东

---

1 爱德华·瓦迪厄·萨义德：《东方主义再思考》，罗钢、刘象愚主编：《后殖民主义文化理论》，中国社会科学出版社，1999年，第4页。
2 在中国学界，当指涉发端于西方19世纪早期，一门专门研究东方的科学学科时，更多被译作"东方学"，如汉学、埃及学、印度学等均属于东方学的学科概念。若旨在揭示隐含在传统东方学研究中的权力话语方式、意识形态或将东西方二元对立的思维方式，则更多被译作"东方主义"。《东方学》一书的译者王宇根将"Orientalismus"通译为"东方学"（参见该书绪论第3页），萨义德在书中所谈论的重点并不是学科层面的东方学，而是作为一种西方对东方的建构与阐释方式，因而本研究选择"东方主义"作为"Orientalismus"的译名。
3 张京媛：《后殖民理论与文化批评》，北京大学出版社，1999年，第5页。

方，以及西方文化的话语力量如何伪装成"装饰性的"或"上层建筑的"模样对非西方民族产生危险和诱惑。[1]

萨义德东方主义的主要理论基石是米歇尔·福柯的"知识—权力"话语理论与安东尼·葛兰西的"文化霸权"概念。福柯对于现代性话语体系中的知识与权力关系提出反思，萨义德的东方主义话语致力于考察潜隐于"话语"背后的西方霸权本质，他"将东方学视为西方用以控制、重建和君临东方的一种方式"[2]。萨义德指出，福柯的"话语"概念指向在文化基础层面实施生产、区隔、阻断或排斥等文化政治行为[3]，作为话语的东方主义由符号构成，却不单单用这些符号确指事物，东方主义中的"东方"并非话语符号所指涉的、与现实东方等值的"东方"。葛兰西将"霸权"这一政治概念术语从原初的"国家之间的政治统治与垄断关系"的意涵中抽身出来，措置于文化理论框架之下，指涉西方发达国家凭借其经济、政治、文化等"软性"优势强行将其意识形态和文化价值观设定为他国普遍接受的准则和标尺。萨义德的东方主义理论研究即是借用"文化霸权"的权力话语理论来揭露西方在文化、意识形态等领域对东方国家的多面向宰制，不断宣说欧洲比东方优越和先进的言论，"欧洲文化正是通过这一学

---

[1] 爱德华·瓦迪厄·萨义德：《东方学》，王宇根译，生活·读书·新知三联书店，2019年，第33页。
[2] 同上，第4页。
[3] 管勇：《再现、话语与"东方化东方"——萨义德东方主义批判新论》，《山西师大学报》，2014年第2期，第27页。

科以政治的、社会学的、军事的、意识形态的、科学的以及想象的方式来处理——甚至创造——东方的"[1]。葛兰西指出,"统治"和"认同"是实现"霸权"的两种方式,萨义德承袭葛兰西的观点,强调积极"认同"是西方与东方文化之间秘而不宣的"权力关系、支配关系、霸权关系"[2],东方是"被东方化、被制作、被控制、被表述、被驯化"[3]的失去自我表达权的东方,是有利于西方表述自我的弱势他者。简而言之,东方主义是文化霸权实践的结果,文化霸权反过来给东方主义注入力量。西方人因处于文化强势地位,可以俯视和窥探中国,并对其进行任意塑造和解释,"扩大了熟悉的东西与陌生的东西之间的差异"[4]。萨义德的东方主义理论研究具有科学整合倾向,跨越人类学、历史学、文学、宗教学等多个学科,突破文学自身范畴,将批评的触角延伸至社会和文化的大空间。东方主义者撰写的文字已经不仅仅是被用以文本分析的对象,而是在被分析中上升为一种范围更加广泛的文化理论,具有强烈的意识形态性。

话语和表征是构成萨义德东方主义理论研究的两大主要概念。[5]萨义德从东方的注视者、话语言说者的角度审视表征的危机,将话语言说者,即西方文化的内部危机现象延伸到对异域

---

1 爱德华·瓦迪厄·萨义德:《东方学》,第5页。
2 同上,第8页。
3 同上。
4 同上,第56页。
5 参见艾贾兹·阿赫默德:《〈东方主义〉及其后》,罗钢、刘象愚主编:《后殖民主义文化理论》,中国社会科学出版社,1999年,第61页。

文化外在性观照与再现问题的考察中。真实的东方激发了东方主义者的想象力，却不能控制其想象力。表述的外在性受"某种似是而非的真理"[1]控制，更多依赖西方的"公共机构、传统、习俗、为了达到某种理解效果而普遍认同的理解代码，而不是一个遥远的、面目不清的东方"[2]。通过营构一个人为建构的实体，东方的模糊性因此被消除。萨义德指出，东方主义作为西方注视和"处置"东方的话语建构和阐释体系，不仅为其所表征的客体服务，更为话语所依赖的社会主体服务。[3]在殖民主义的东方主义话语中，处于强势文化与权力地位的西方反客为主，成为真实的主体，被表述的东方作为真正的文化主体，处于被宰制的客体位置，被西方视为一种无主体意识的可任意处置支配的利用对象，被强行改写民族文化个性与历史，成为西方主观的产物，这一过程即是"东方化东方"。

英国文化理论家齐亚乌丁·萨达尔（Ziauddin Sardar）表示："东方主义者的东方是一个构建的赝品。"[4]现实的"东方"是真实存在的，也是西方想象出的地域，东方主义话语在建构和表达东方的过程中将之标本化、类型化、经典化。东方在东方主义者虚构、想象与真实杂然并呈的叙事话语下被反复确证，话语接受者无意识地将所勾勒的东方视作全部的、真实的东方，最终成为

---

[1] 爱德华·瓦迪厄·萨义德：《东方学》，第29页。
[2] 同上，第29—30页。
[3] 参见刘惠玲：《话语维度下的赛义德东方主义研究》，武汉大学出版社，2018年，第84页。
[4] 齐亚乌丁·萨达尔：《东方主义》，马雪峰、苏敏译，吉林人民出版社，2005年，第20页。

根深蒂固的负面叙事套话，正如萨义德所言："客观的结构（东方之实际所指）和直观的再结构（东方主义者对东方的表述）被混为一谈。东方主义者的理性被强加于东方之上，其原则也摇身变为东方自身的原则。"[1] 简而言之，东方主义是西方"改造"和"驯化"异域，并以此认同自身文化的话语策略和权力工具，扎根于认知中的东方主义思维方式使得东方在东方书写中成为被丑化和藐视的对象。此外，西方亦不时地以猎奇心理注目东方，东方的奇特性、怪异性和神秘性是西方读者习惯性的阅读期待，也为东方主义叙事奠定了叙事基调。萨义德所追求的便是要拆解这种东方主义话语，"清理它的旧观念和一成不变的形象'档案'"[2]，揭示他者言说背后潜伏的内在动机，采用充满"含混"甚至"诡语"式的张力话语构建出既符合东方神秘、浪漫、奇异的传统想象，又能凸显西方"救世主"和英雄形象的东方他者，实现自我身份的认同与确证。[3]

萨义德总结了两种东方主义的表现形态：显在的东方学和隐伏的东方学。前者是一种有关东方的"明确陈述"[4]，后者则被表述了一种"无意识的确信"[5]。"东方被描述为一种供人评判的东西，一种供人研究和描写的东西，一种起惩戒作用的东西，一种

---

1 爱德华·瓦迪厄·萨义德：《东方学》，第 173 页。
2 詹姆斯·克利福德：《论东方主义》，第 31 页。
3 参见刘惠玲：《话语维度下的赛义德东方主义研究》，第 89 页。
4 爱德华·瓦迪厄·萨义德：《东方学》，第 271 页。
5 同上，第 33 页。

起图式作用的东西。"[1]显在的东方学与隐伏的东方学之间的另一差异在于，前者倾向于营构变动不居的东方，后者偏向于形塑静止、僵化、一成不变的东方。东方主义话语"否认东方和东方人有发展、转化、运动的可能性。作为一种已知并且一成不变或没有创造性的存在，东方逐渐被赋予一种消极的永恒性；于是，即使当人们在肯定的意义上说到东方学时，也使用的是诸如'东方的智慧'这类静态描述性词语"[2]。

萨义德在《东方主义再思考》一文中指出，"东方主义是一种与宗主国社会中的男性统治或父权制相同的实践：东方在实践上被描述为女性的"[3]，东方成为被西方女性化的东方他者。一方面，对东方女性失语病态的描摹即是东方主义话语对东方的女性化书写。书写者用富于女性化想象特征的词汇勾画东方，将安静、神秘、压抑和无主体意识的女性形象与东方建立关联，从帝国主义的男性意识出发化解和透视东方的神秘或新异，以此树立西方的强者形象。另一方面，对东方的女性化书写还表现在对东方男性的女性化描述，试图从性格、行为举止、责任感、尊严、道德约束力等角度塑造东方男性"男性气质"的缺失；东方主义者在"女性化东方"之余，也表现出用女性代指东方，即"女性东方化"的倾向。"在西方文化中，叙述性别'他者'采用的是与叙述种族'他者'的同一套话语，因此，在将东方女性化的同

---

[1] 爱德华·瓦迪厄·萨义德：《东方学》，第52页。
[2] 同上，第274页。
[3] 爱德华·瓦迪厄·萨义德：《东方主义再思考》，第17页。

时，也在将女性东方化。"[1]在这种叙事倾向下，被塑造的东方女性被赋予了东方主义话语下典型的东方特征，她们是无法自我表达的失语者，正如东方被认为需要被西方表述和拯救。东方主义通过对东方的想象性虚构来投射和实现自身欲望，对东方施加压迫和话语霸权，其"女性化东方"和"女性东方化"的话语策略背后隐藏的是对东西方权力关系的隐喻。

萨义德将隐藏在东方主义话语背后的修辞策略与真实东方之间的关系比作"戏剧人物所穿的程式化服装与人物的关系"[2]，"没有必要寻找描述东方的语言与东方本身之间的对应关系，不是因为语言不准确，而是因为它根本就不想做到准确"[3]。西方用其想象视域为东方圈定范围，其对东方的再现并不包含对照和确证真实的东方，而是"一种愈加保守的回缩行为"[4]，其终点是西方文化自身。即便是身处东方、拥有真实东方经验的西方人，他们审视和归化东方的前提和结果亦服从于背后的想象视域。

萨义德将归化、概括化的叙述性描述以及二元对立的比较叙事，列为东方主义话语的惯常叙事策略。[5]归化策略是最首要的言说策略，指东方主义者在处理东方时，有意识地将东方知识向

---

[1] 刘惠玲：《话语维度下的赛义德东方主义研究》，第96页。

[2] 爱德华·瓦迪厄·萨义德：《东方学》，第95页。

[3] 同上。

[4] 管勇：《再现、话语与"东方化东方"——萨义德东方主义批判新论》，第29页。

[5] 参见刘惠玲：《话语维度下的赛义德东方主义研究》，第123页。

第一章　西方传教士中国书写与东方主义叙事

其熟悉的领域进行保守的转化或异化，以此迎合西方。萨义德表示，异国的、遥远的事物总是被希望"降低而不是增加其新异性"[1]。西方对于东方新异的事物既兴奋又恐惧，故倾向于将第一次看见的新事物视作"以前认识的事物的变体"[2]，对新事物的处理方法并不是安然接受，而是避免新事物对既有观念形成质疑和挑战，"因为人的大脑在突然遇到某种被认为是全新的生活形式时，其反应总体上说是保守的、防御性的"[3]。当东方的新异性被西方以归化的话语策略"处理"后，"威胁被减弱，熟悉的价值又回到自身……减轻了其所承受的压力"[4]。在这一过程中，东方主义者、被书写的东方和西方的东方话语受众之间形成了以东方为中心的铰链关系，东方被拉扯、被定型、被消费，简而言之，归化是以"西优东劣"为基础原则的叙事策略，类比与重复是归化策略的基本手段。从这一策略出发，东方主义者以西方价值观为准则与导向，对东方进行遮蔽与篡改，以便迎合西方对东方政治、文化、民众等方面的典型想象。

概括性叙述策略是指"将单个事物的每一个具体研究都以总括或概约的方式赋予或确认这一事物所具有的总体东方性"[5]，即通过移置与归并等形式将"单个的声音变成整体的历史"，成为

---

[1] 爱德华·瓦迪厄·萨义德：《东方学》，第76页。
[2] 同上。
[3] 同上。
[4] 同上，第76—77页。
[5] 刘惠玲：《话语维度下的赛义德东方主义研究》，第131页。

东方可以被认知的唯一形式。[1]萨义德将这一策略解释为将一个文明具体鲜活的现实转变为体现抽象的价值、观念和立场的理想类型[2],并转而在东方他者身上刻意寻找相关特性,将之标记为东方的通用符号。在这一叙事策略与话语逻辑下,东方主义者极易陷入"倒果为因"的循环论证中,即用预设的价值判断与思维定式框范东方,并以此为底色审视东方,为假定的预设寻找确证,如萨义德所言:"事先存在的一般范畴为特定事件限定了活动空间:不管特定的例外事件有多么例外,不管单个的东方人能在多大程度上逃脱四周密置的藩篱,他首先是东方人,其次才是一般意义上的人,最后还是东方人。"[3]东方单一国家、民族、个体的特征被泛化为整体的普遍典型特征,从对个体的零星观察上升为整体特性。东方的特异性被"转译"和祛魅,意义被"解码",敌意被"驯化",东方主义者在实际接触东方时产生的真实经验在对东方的言说与书写中被"重新配置"[4],将对东方的普遍理解与具体经验区分开来,被"蓄意贬损的化约概括"[5]牢牢控制。因此,东方主义者对东方的阐释与塑造呈现出模糊的、截面式的、静态的、单质性化的特征,而东方人及其生活文化的丰富性、多样性、创造性被简化和削弱。

---

1 爱德华·瓦迪厄·萨义德:《东方学》,第323页。
2 同上。
3 同上,第138页。
4 同上,第140页。
5 同上,序言第4页。

第一章　西方传教士中国书写与东方主义叙事

构建二元对立的比较叙事是东方主义惯用的另一话语策略。东方主义者用以比较的标准和尺度是西方，在西方设置的东西方结构化对立中，东方处于二元对立的劣势位置，东方成为西方的陪衬，西方的主体地位和优越性在此过程中被凸显。东方不具有本体论意义上的稳定性，而是东方主义话语建构下的虚构的他者，作为一种对照物，实现西方不同时期的欲望，获得自我文化身份认同，或解决相应的危机。萨义德在书中列举西方基督教对伊斯兰教施加的话语霸权，揭示西方基督教对宗教他者的压制与贬抑，对信仰他者进行充满陈词滥调的、宣言性的、不容置喙的否定陈述，传递着东方主义的权力和有效性，对东方施以认识的或意识形态的话语暴力，揭露东方主义话语与意识形态之间的复杂关系，正如艾勒克·博埃默（Elleke Boehmer）所言："殖民主义的表述语言常常将任何征服事件说成是入侵者之强大和被征服者之劣等的表征。"[1]

文本间互文、引述其他东方主义者的言论及著作也是一种常见的东方主义叙事特征。萨义德确信"单个作家对文本集合体具有决定性的影响"[2]，"文本集合体"构成了东方主义话语形式，并在分析中采用文本细读的方法，关注集合体内部文本之间的联系，以"揭示单个文本或作家与其所属的复杂文本集合体之

---

[1] 艾勒克·博埃默：《殖民与后殖民文学》，盛宁、韩敏中译，辽宁教育出版社，1998年，第91页。
[2] 爱德华·瓦迪厄·萨义德：《东方学》，第31页。

间的动态关系"[1]。他认为文本之间互相指涉、征引，具有一种话语的传承机制，共同构筑起的潜在大文本环境能够持续对其他东方主义者产生影响："东方学知识的增长是一个非常缓慢的过程……绝非仅仅是个逐渐增加或积累的过程，而是选择性集聚、移植、滤除、重排和固持的过程……其结果是，东方学家相互之间都以同样的相互征引的方式对待同行们的著作。"[2]萨义德将东方主义者对东方的构建方式总结为"策略性定位"与"策略性建构"，认为任何书写东方的人都以东方为参照定位自己，并影响着作品的叙述角度、结构类型、意象和母题种类，前人的文字记录成为东方书写的参照与基础。即便是对新材料进行处理和判断，东方主义者也倾向于借用前人的视角、观念和权威论说。可以说，每一次东方主义书写都是一种过渡，在接受前人的东方想象的同时，将自身构建的新的东方沉淀到东方主义话语的大框架中，反过来对东方先入为主的预设和对前人东方话语的无修正继承使得东方主义者难以避免地陷入封闭的书写与认知闭环中。

萨义德从"文本性态度"的角度分析东方主义话语的生成，将之视作话语形成的重要因素。他将"文本性态度"的诱发因素总结成两点：与未知的、危险的新异事物"狭路相逢"和"成功的诱惑"。[3]萨氏首先指出，人类普遍对求助于"文本图式

---

[1] 爱德华·瓦迪厄·萨义德：《东方学》，第32页。

[2] 同上，第235页。

[3] 参见同上，第125—126页。

化的权威"表现出比"与现实直接接触"更强的行为意愿。当被不确定因素扰乱内心的平静时,人们不仅倾向于以归化的阐释方式求助于过去的经验和类似的事物,亦偏向于相信书本上读过的内容。"成功的诱惑"则指涉现实经历、书本上读过的东西和创作内容之间的彼此强化关系,东方书写在不断循环确证中成为以文本为中介的想象:读者在现实中的经历为其所阅读的东西决定,但这反过来又影响作家去描写那些为读者的经历所事先确定的东西。[1]

概而观之,萨义德的东方主义理论研究主要聚焦于西方对他者东方的否定的、意识形态的书写,通过形塑一个与自身对立并低于自身的文化他者来确证自身价值与权力秩序,形成自我认同与优越感。萨义德质疑并颠覆了这种由西方单方面人为构建的二元对立话语范式,揭示西方对东方的知识生产归根结底只是权力的产物:一道知识与权力的连续弧线将西方的政治家与西方的东方主义者相联结,构成了东方主义话语的外缘,其范围与帝国主义的特权范围相吻合。[2]可以说,东方主义是西方强加于东方之上的"政治学说",处于权力弱势位置的东方被东方主义者"用其弱代替其异"[3],并进行半神话式的建构,最终以一种有利于言说者的知识形态发挥着作用,充当不同时期的西方用来投射自身欲望和价值、确证自我文化身份的工具。

---

1 爱德华·瓦迪厄·萨义德:《东方学》,第126页。

2 参见同上,第141页。

3 同上,第269页。

第三节　德国巴陵会传教士与东方主义叙事

如前文所述,显在的东方学和隐伏的东方学是东方主义的两种表现形态。德国巴陵会传教士笔下的中国形象正是萨义德定义下的"隐伏的"中国图式,传教士则是其定义下的东方主义者。德国传教士文本中的中国与传教士的西方母国不仅存在地域上的东西关系,还表现为一种过去与现代的对立关系,形成时空一体的拓扑结构,承载着对应的观念价值,最终表现为古老"异教"的东方与现代文明的西方之间的对立。在德国巴陵会传教士眼中,西方对东方的扩张是符合上帝旨意的,是为迎接"基督再临"做出的必要准备,是进步、文明的信仰扩张,其主观动力是基督教普适主义与拯救"异教徒"的使命感,其目的是改变"东方异教徒"的灵魂堕落和道德松懈,帮助"异教"国家实现基督教文明。基于德国传教士的信仰偏见与宗教优越感,中国是传教士思维模式与话语体系下的"被拯救者",是身处对立面的边缘他者。中国被视作"异教"的、黑暗的、蒙昧的、迷信的,西方则是基督教文明的、光明的、理性的,基督教终将取代"异教"信仰,后者对前者的话语霸权被巴陵会来华传教士视作理所当然。

构建基督教与"异教"信仰的本质对立,是德国巴陵会传教士东方主义话语的重要特征。来华传教士的中国书写是经验与想象的混合物,中国被传教士贴上了"异教"的标签,并被事先赋予了"异教"民族的典型特性，赋予的方式是虚构、歪曲与想象，而"异教"标签之外的民族特性被选择性遮蔽。中国与西方之间的差异性被刻意凸显，将之简单归因为"异教的后果"与福音的恩泽，突出基督教文化及其价值观的普遍性与绝对正确性。巴陵会传教士文本的另一典型的东方主义叙事特征是将"异教"的中国阐释为"被拯救"的对象。德国传教士的书写方式具有鲜明的宗教色彩，与《圣经》中的暗喻方式频繁互文。《约翰福音》第8章12节中，耶稣对众人说："我是世界的光。跟从我的，就不在黑暗里走，必要得着生命的光。"为凸显中国与西方基督教世界形成的"光明"与"黑暗"的对垒，传教士惯于将所谓的中国民众的落后归咎于"真正的基督教的缺席"[1]，将使中国福音化的过程称为"光明"对"黑暗"的胜利。纵观德国巴陵会来华传教士，昆祚便是"最早在其报告和传教著作中呈现陈词滥调"和文字"最为明显地困囿于宗教层面"的传教士，因"深受'恩典的光明'（Licht der Gnade）和'异教徒的黑暗'（heidnische Finsternis）这两个传统比喻的影响"[2]，其文字是典型的具有宗教色彩的东方主义叙事。昆祚八岁便将传教士立为终身志业，对

---

[1] Helle Jörgensen, „Zum wechselvollen Verhältnis von Mission und Politik: Die Berliner Missionsgesellschaft in Guangdong", in Mechthild Leutner, Klaus Mühlhahn (Hrsg.), *Deutsch-chinesische Beziehungen im 19. Jahrhundert. Mission und Wirtschaft in interkultureller Perspektive*, Münster, 2001, S. 183-218, hier S. 191.

[2] Lydia Gerber, *Von Voskamps „heidnischem Treiben" und Wilhelms „höherem China". Die Berichterstattung deutscher protestantischer Missionare aus dem deutschen Pachtgebiet Kiautschou 1898-1914*, a.a.O., S. 139ff.

"《圣经》里的话深信不疑"[1]，过度的信仰内化使其文字缺少文学审美与艺术特征，较多地局限在纯粹的传教工作上。昆祚惯于在作品中"以悲剧英雄的形象出现"[2]，将传教道路上遭遇的一切阻力视为基督教福音化进程的工具。不论是中国民众的痛苦和贫穷，抑或是家庭不睦和邻里摩擦，这些社会问题都被昆祚视作上帝的攻城锤，可用以敲开中国民众的心门，从而接纳福音的进入。昆祚对"异教"国度的认知图式或可在一定程度上反映巴陵会来华传教士群体的普遍心理。

德国巴陵会传教士的中国书写是经过西方宗教观、文化观和价值观的过滤后呈现的，并未脱离东西方二元对立的话语图式，诸如"东方是非理性的，堕落的，幼稚的，'不正常的'；而欧洲则是理性的，贞洁的，成熟的，'正常的'"[3]，只是在此基础上延伸至宗教范畴。相较于其他东方主义者，传教士的突出特点是以基督教意识形态为标准，将基督教作为指责和批判中国社会的"理论依据"。尽管巴陵会传教士力图从宗教信仰角度构建中西方之间的对立关系，将原本湮没无闻的中国"异质"特征归因于新教福音的缺席，迎合西方基督教国家和差会资助者对"异教"国度的典型想象，然而本质上依旧跳不出中西方权力的强弱关系。

---

1 Lotti Kohls, *Von Engeln geleitet. Teil I. Tsingtaumädels Judengweg*, Metzingen, 1979, S. 8.
2 Lydia Gerber, *Von Voskamps „heidnischem Treiben" und Wilhelms „höherem China". Die Berichterstattung deutscher protestantischer Missionare aus dem deutschen Pachtgebiet Kiautschou 1898–1914*, a.a.O., S. 139.
3 爱德华·瓦迪厄·萨义德：《东方学》，第51页。

第一章 西方传教士中国书写与东方主义叙事

对于西方来华传教士而言，基督教与西方的现代性是其区别于中国的首要文化身份认同基础，也是传教士界定自我、获得自我认同意识的重要因素。作为虔敬主义浪潮下催生的传教差会，巴陵会的信仰特征在于对精神世界的强调和对社会及政治等世俗事物的疏离，具有从世俗逃遁的倾向，并随着现代工业时代的来临，越来越具有乌托邦式的特征。[1]巴陵会奉行虔敬主义的传教资助者"反对殖民主义的狂热和追求进步的信念"[2]，在自身基督教信仰原则与巴陵会传教方针的框范下，面向虔敬派资助者的传教手册鲜少刻意表现出对德国经济、政治等方面的优越感，信仰的优越意识是巴陵会传教士东方主义话语批判的主要思想源头，然而他们无意识地与同时代的殖民主义者与帝国主义者共享相同的价值观和意识形态，是巴陵会传教士自身较难超越的。即便他们为权力赋予了一种宗教的合理性，其在华传教活动归根到底只是附庸于政治权力。与此同时，虔敬主义亦强调国家利益，主张民众将对上帝的虔诚转化为对国家的奉献，虔敬主义的非理性倾向与传教士信仰的内在狂热在很大程度上增强了德国巴陵会来华传教士群体的德意志民族与国家意识，异国他者与传教士自我感

---

1 Gunther Pakendorf, „Mission, Kolonialismus und Apartheid. Ein Blick auf die historische Rolle und Verantwortung der Mission in Südafrika", in Ulrich van der Heyden, Holger Stoecker (Hrsg.), *Mission und Macht im Wandel politischer Orientierungen. Europäische Missionsgesellschaften in politischen Spannungsfeldern in Afrika und Asien zwischen 1800 und 1945*, Stuttgart, 2005, S. 547–562, hier S. 551.

2 Lydia Gerber, *Von Voskamps „heidnischem Treiben" und Wilhelms „höherem China". Die Berichterstattung deutscher protestantischer Missionare aus dem deutschen Pachtgebiet Kiautschou 1898–1914*, a.a.O., S. 27.

知之间的界限感被加深。这亦呼应了德国社会学家诺贝特·埃利亚斯（Norbert Elias）的观点，他认为，文明表现了西方国家的自我意识或民族的自我意识，包括了"西方社会自认为在最近两三百年内所取得的一切成就，由于这些成就，他们超越了前人或同时代尚处'原始'阶段的人们。西方社会正是试图通过这样的概念来表达他们自身的特点以及那些他们引以为豪的东西"[1]。

简而言之，德国巴陵会传教士笔下的东方主义叙事大体上遵循以基督教的绝对优越观为主体意识、西方霸权文化为集体无意识的书写范式，要么将属于文化异质性的特殊事象简单等同为普遍事象，要么将东方—西方、落后—进步、原始—现代、愚昧—文明等体现"西优东劣"的对立观更为宽泛地概括为"异教徒的黑暗"和"异教徒的噪音"等带有主观贬抑色彩的宗教性描述，为其宗教扩张提供借口。为了逐步实现"中国人归主"的传教目标，巴陵会传教士在文本中极力营构自身的优越地位，在书写目的与传教利益的驱动下对中国进行想象或虚构加工，对中国文化传统加以歪曲和异化，试图以"救世主"的姿态将中国从所谓陷于"撒旦"统治的"黑暗"中拯救出来，将其带入所谓基督教文化的"光明"之中。尚需说明的是，传教士所追求的"拯救"并非帮助中国民众从世俗的疾苦中解脱出来，而是基督教意义上的灵魂救赎。救赎理念的思想基础是相信上帝再临之时基督徒将被

---

[1] 诺贝特·埃利亚斯：《文明的进程：文明的社会起源和心理起源的研究》（第一卷），王佩莉译，生活·读书·新知三联书店，1998年，第61页。

解救和复活，以此唤醒信徒的为善意识和负罪观念，认识到"上帝的恩典"[1]，进而获得信仰慰藉和新的生命力量，在精神上脱离苦难和罪恶。

如上一小节所述，东方主义也是一种征引其他东方主义者的言论及其著作的话语体系，文本之间存在互文关系并相互影响，经历着东方知识的积累和重构过程。清末民初的德国新教来华传教士所生产的中国知识既影响着彼此，也为其后的来华传教士提供借鉴。此外，巴陵会传教士的文字创作亦与中国典籍存在互动关系。然其主要目的并不在于研究和传播中国经典，而是在了解的基础上予以批驳或利用：与基督教教义相抵牾的进行批判解构，与基督教相通的加以征引利用。此外，设立假说并尽力确证假说是东方主义者采用的惯常思维方式，也是巴陵会传教士常见的认知与写作惯习，他们因此易陷于"倒果为因"的循环论证，即先假定中国社会与文化现象的衰颓与落后，再以此为认知基础审视和挖掘中国文化现象中的此类特征，较少理性对待中国的客观历史事实和相应文化成因，先入为主地将中国和中国人置于西方的对立面。反之，在与真实的中国相遇时，巴陵会传教士对中国先入为主的预设与想象又极易引起对中国他性文化的对抗与误解。即便真实地书写中国其时的社会与文化事象，也是为了巩固和确证其预先设定的话语体系，与传教士的假设不相符的事实

---

[1] 虔敬主义者尤其强调这一点，他们力求达致与上帝"神秘的合一"，对耶稣受难表现出狂热崇拜，强调人的原罪观念和耶稣的恩典。

与事象往往被无视或弱化。可以说，颠覆假设即是对东方主义话语背后西方文化霸权与西方中心主义的动摇，更是对作为参照坐标的西方自我身份的动摇，德国巴陵会传教士在编织中国图景的过程中完成了自我认同，确证了以西方基督教为中心的地缘文明秩序。

— 第二章 —

德国巴陵会在华传教概述与文字出版

第一节　德国巴陵会在华传教史述

欧洲虔敬主义的萌蘖可追溯至17、18世纪，战争频发和欧洲版图剧变被虔敬派新教徒视为世界末日的标志。他们在见证了旧有秩序的崩溃后，以反启蒙运动的姿态，强调个人的奉献与灵性，期待个人虔信的回归能够加速"上帝的再次降临"，以便在地球上建立"神圣的新秩序"。[1]直至19世纪初，虔敬主义热潮依旧余温未减，持续产生影响。19世纪20年代，德意志联邦出现了一批秉持虔敬主义信仰原则的新教传教差会，德国著名传教学家古斯塔夫·瓦内克甚至称19世纪为"传教世纪"[2]，德国巴陵会便是在此传教浪潮下组建成立的德国新教传教差会之一。巴陵会创办于1824年，由柏林法学教授莫里茨·奥古斯特·冯·霍

1　Vgl. Hartmut Lehmann, „Die neue Lage", In: Ulrich Gäbler (Hrsg.), *Geschichte des Pietismus (Band 3): Der Pietismus im neunzehnten und zwanzigsten Jahrhundert*, Göttingen, 2000, S. 1-26, hier S. 7f.

2　Gustav Warneck, *Warum ist das 19. Jahrhundert ein Missionsjahrhundert?*, Halle, 1880.

尔维克（Moritz August von Hollweg）在其书房内号召成立，成立时仅有十位基督徒成员；1848年欧洲革命后，巴陵会同普鲁士国王腓特烈·威廉四世的保守派政府关系紧密，故差会的理事会成员除柏林地区的重要牧师和一些拥有"正直的道德品质"的精神领袖外[1]，亦不乏身居高位的保守派普鲁士官员和国家行政人员。

1850年，入华传教二十三载的郭实腊重返欧洲，在包括德国在内的多个欧洲国家发表"中国国门已开"的煽动性演说，呼吁西方各国基督徒积极参与对华传教事业。演讲得到德国新教传教差会的积极响应，威廉四世对中国这个遥远的文明古国产生了极大兴趣，希冀借此垦拓海外势力。[2]同年，柏林与什切青[3]便成立了"中国传教总协会"[4]，巴色会[5]、巴勉会[6]、巴陵女书会[7]等传教差会亦陆续派遣传教士来华。[8]第二次鸦片战争为在华传教提供了更多保障与便利。1855年，巴陵会传教士韩士伯（August

---

1　Julius Richter, *Geschichte der Berliner Missionsgesellschaft 1824–1924*, a.a.O., S. 21.

2　Vgl. Karl Rennstich, *Die zwei Symbole des Kreuzes. Handel und Mission in China und Südostasien,* Stuttgart, 1988, S. 143.

3　什切青（Stettin），今为波兰属地。

4　中国传教总协会，德文名称为"Stettinger und Berliner Hauptverein für die chinesische Mission"，俗称"小巴陵会"。因此前巴陵会的主要传教区域为南非，小巴陵会是为响应郭实腊的对华传教号召而另外设立的协会，当时派遣那文（Robert Neumann）来华，跟随郭实腊发展教务，后接手郭生前创立的福汉会，1955年那文因病返回德国。

5　巴色会，德文名称为 Evangelische Missionsgesellschaft zu Basel。

6　巴勉会，德文名称为 Rheinische Missionsgesellschaft，中文又习称"礼贤会"。

7　巴陵女书会，德文名称为 Berliner Frauen-Missionsverein。

8　参见孙立新：《从中西文化关系角度看19世纪德国新教的中国传教》，第41—42页。

Hanspach）入华，在客家人中巡回布道十余年，活动区域涉及新安、归善、花县等地，远达北江流域的南雄一带。1866年，巴陵会派遣传教士何必力（Friedrich Hubrig）入华，在中国南部广东客家人中发展教务。1872年，巴陵会中断对华宣教事业，在华教务及其发展的客家事工[1]由巴勉会接管，传教士何必力亦暂时归入巴勉会。1882年，巴陵会恢复对华派遣教士，巴勉会交返原属巴陵会的客家事工，何必力亦重新归至巴陵会，此时传教区域主要分布于归善、花县、龙门、番禺、清远和南雄，此后对华传教事务逐步走上正轨。[2] 之所以选择客家人作为传教对象，曾任巴陵会委员会[3]成员之一的神学家尤利乌斯·里希特认为，客家人被当地人视为外来人口，是"客人、外乡人、迁徙来的农工，他们定居在本地人瞧不上的山坡上，或是并不富饶的山沟里，用不知疲倦的勤劳和异常的简朴，从贫瘠的土地中努力收获可怜的丰收……胖墩墩的面颊上挂着沧桑而粗糙的面容——完全不同于本

---

[1] 事工指基督教会成员执行教会所任命的工作。
[2] 施添福：《从"客家"到客家（二）：粤东"Hakka·客家"称谓的出现、蜕变与传播》，《全球客家研究》，2014年第2期，第75页。
[3] 巴陵会受委员会（Komitee）领导和调派，成员由巴陵会主席、传教士培训学校校长与监督、财务主管、若干终身制的差会成员（通常为法学家、教授）以及保守派的普鲁士高层官员和牧师组成。委员会每月召开一次会议，决定巴陵会的经费使用情况，安排传教工作和海外传教人员的派遣事宜等。委员会成员人数日渐庞大，引发不便，故在1908年发布新规，为委员会设立了理事会，由主席、传教士培训学校校长、财务主管和一名终身制差会成员组成，以便在出现紧急事务时做出协定。（Vgl. Lydia Gerber, *Von Voskamps „heidnischem Treiben" und Wilhelms „höherem China". Die Berichterstattung deutscher protestantischer Missionare aus dem deutschen Pachtgebiet Kiautschou 1898-1914*, a.a.O., S. 31.）

地人"[1]。可见，一方面客家人拥有比本地人更加艰难的居住环境，财富和社会地位等方面都明显弱于本地广东人，更易于传教士接触和传教。另一方面，客家人原本的宗教氛围也不像别的部族那么浓厚[2]，"像是天生的理性派"，"'本地'人的宗教心理表现得较重……比较坚持他们的异教信仰"[3]。再者，"客族对土地没归属感，对于祖先亦欠恭敬"[4]。综之，客家人比本地人对福音的接受度和包容度更高，与传教士所关注的基督徒特质更为相符，为其收获信徒提供更多可能性。

尽管如此，巴陵会在中国华南客家人中间开展传教事业的初期阶段并不算顺利。早期派遣来华的传教士还无法在固定的地点扎根设站，只能四处游走，以口述的方式开展传教。因传教途中会遭遇当地民众的愤怒抵制，使得巴陵会派往中国的第一批传教士的早期传教报告犹如冒险日记。[5]其中被派至广州传教的来施那取得卓越成效，先后建立南雄（1893）、始兴（1899）、石角（1902）、仁化（1902）和韶州（1903）等总堂，最远的总堂设立于江西南安府（1903），距离巴陵会广州的工作中心比较近的则有在清远、从化等县的工作站。此外还有一部分传教工作在广州以东，即惠州（1885）和湖尾（即归善，1885）、竹塘坳（1891）

1　Julius Richter, *Geschichte der Berliner Missionsgesellschaft 1824-1924*, a.a.O., S. 507f.

2　中国续行委办会调查特委会：《1901—1920年中国基督教调查资料（原《中华归主》修订版）》，蔡咏春等译，中国社会科学出版社，2007年，第903页。

3　同上，第904页。

4　刘彼得：《基督教与中国文化——客家个案的反思》，罗秉祥、赵敦华主编：《基督教与近代中西文化》，北京大学出版社，2000年，第206页。

5　Vgl. Hellmut Lehmann, *150 Jahre Berliner Mission*, S. 78.

两个内地地方总堂。截至1894年，巴陵会先后派遣十位传教士入华，其中两位去世，其余八位传教士分别负责四个宣教中心：广州、归善、竹塘坳和南雄[1]，并在广州北部花县一带选定了包括鹿坑总堂在内的三个地点设立传教站，总计在客家地区共设28个主堂和230个分堂。[2]

1898年，扬言争取"阳光下的地盘"的德意志帝国皇帝威廉二世出兵占领胶州湾，在中国推行其"世界政策"，他所秉承的"时代精神"和他向德国传教派遣团许下的承诺，在很大程度上助力了德国差会在华教务的快速发展。他曾在演说中表示：中国"人民以他们几千年的文化为荣。但你们可以看到，一种并非以基督教为根基的文化下场如何。任何一种非基督教文化，或许如今依然绚丽而美好，但当面对伟大的责任时，便将走向灭亡……主的恩赐与你们同在，整个民族的思想都陪伴着你们，在一切道路上护佑你们"[3]。同年4月15日，华南传教区的教区总牧郭宜坚（August Kollecker）和昆祚教士乘船来到山东考察传教环境。后郭宜坚返回广州，昆祚留在青岛开始在山东实行"实验性传教"（Experiment Mission）。同年圣诞节期间，传教士和士谦和卢威廉从广东来到青岛，协同昆祚在青岛建立传教站。德国皇帝威廉二

---

1 施添福：《从"客家"到客家（二）：粤东"Hakka·客家"称谓的出现、蜕变与传播》，第75页。
2 中国续行委办会调查特委会：《1901—1920年中国基督教调查资料（原《中华归主》修订版）》，第905页。
3 Bernd Sösemann, „Die sog. Hunnenrede Wilhelm II.: Textkritische und interpretatorische Bemerkungen zur Ansprache des Kaisers vom 27. Juli 1900 in Bremerhaven", in *Historische Zeitschrift* Heft 222 (1976), S. 342–358, hier S. 349f.

世下令赠送一处传教基地，且教会享有建筑权。初期工作量巨大，习惯了客家方言的三位传教士面临的首要难题是北方的普通话，此外还需用北方普通话翻译基督教教义、赞美诗等文稿，向非基督徒布道，吸纳慕教民众进入教堂、安排集会地点，建造或者租用小教堂和学堂，雇用教师和助手等。1899年，昆祚在大鲍岛设计建造了德国租界保护区内第一座基督教教堂，内设500个座位。之后巴陵会又在即墨（1901年由卢威廉设立）和胶州周边李村等地建立传教站，截至"一战"爆发，巴陵会的传教工作已从青岛逐渐推行至胶澳全境。据统计，截至19世纪末，巴陵会派往中国的传教士共27名。[1]

"一战"战败让德国失去了对胶州租界区的管辖权，巴陵会山东教区的传教工作随之终止。1952年，外国传教士被禁止在华宣教，华南教区的传教士亦陆续离开中国，巴陵会在华传教史至此画上句号。

第二节 体裁溯源与出版动机

从词源学的角度溯源，Traktat（传教手册）这一术语源自拉丁语名词tractatus，蕴含论述、研究、探讨之意。在德语中另

---

[1] 参见孙立新：《德国新教传教士论义和团爆发的原因》，《深圳大学学报》，2012年第1期，第154页。

有"研究性论文"的意涵，也表示带有诽谤或论战内容的单页传单。[1]在古希腊时期，手册的主要功能为传播哲学思想。发展至中世纪，手册的文本形式达到巅峰时期，宗教主题占据上风。为巩固民众的基督教信仰，此时手册主要承载道德警策与宗教训诫功能，具有教条主义特征。在神学相关参考著述中，该术语早期多被新教教徒使用，在一定程度上受到宗教教规的限制。新教徒认为，宗教改革时期的传单文学（Flugschriftenliteratur）是传教手册的雏形，并将马丁·路德的《九十五条论纲》视作生发于传单文学的第一本传教手册。[2]18世纪后半叶，传教手册再度勃兴，成为基督教播扬教义的主要宣传载体。德英等国陆续成立宗教手册协会（Religious Tract Society），力图用通俗易懂的语言传播"纯粹的真相"[3]，读者被视作"渴望被救赎和归入圣道的罪人"[4]。发展至19世纪，传教手册在欧洲方兴未艾。伴随着欧洲各国殖民帝国版图的全球性扩张，将《圣经》及其教理义旨推向世界同样涵括在其蓝图之中，包括德国在内的欧洲各国传教差会秉持着特定的时代追求，以加强福音传播为其"内在使命"，传教手册成为各传教差会文字事工不可或缺的宣传形式。此外，排版技术

---

1 (Verfasser unbekannt) Stichwort: „Traktat", https://neueswort.de/traktat/, Abrufdatum: 30. August, 2020.

2 André Schnyder, „Traktatliteratur-Tristan und Isolde", in Rolf Wilhelm Brednich, Heidrun Alzheimer, u.a. (Hrsg.), *Enzyklopädie des Märchens. Handwörterbuch zur historischen und vergleichenden Erzählforschung* (Band 13), Berlin, 2010, S. 850–856, hier S. 853.

3 Ebd., S. 852.

4 Ebd.

的进步、高速印刷机的出现以及民众阅读能力的普遍提升，为传教手册的广布和接受提供了更多便利和可能性。发展至20、21世纪，传教手册的文本形式日渐式微，但内容丰富性不断延展，不只局限于道德、哲学或神学话题，而是广泛涉及各个领域，其篇幅远长于普遍意义上的传教手册。

通常情况下，付梓的传教手册为小规格、篇幅短小的册子或单页形式，短小精悍的篇幅对于"无神论者"和"寻求上帝的人"极为合适。[1] 封面风格贴近通俗文学，"标题样式、色彩搭配、插画、醒目的加粗字"颇有讲究，重视封面设计在"激发、引导和维持读者兴趣"[2] 方面的功能，文字往往因过度关注目的性而忽略文本的美学主张。在今天，传教手册这一术语意指拥有较大印刷量，采用简易通俗的思想和语言向广泛的读者群体传播宗教教义与警策的短篇文本。[3] 德国在线词典 Wortwuchs 网站将传教手册定义为具有"启发性和训诫特征"[4] 的"有关宗教、文化、社会和政治、道德、科学或哲学问题的短篇论说"[5]，即强调文体的议论性，回归了传教手册的原初意涵。

概而观之，德国巴陵会传教士撰写的传教手册是当时政治

---

[1] André Schnyder, „Traktatliteratur-Tristan und Isolde", a.a.O., S. 851.

[2] Ebd.

[3] Ebd., S. 850.

[4] (Verfasser unbekannt) Stichwort: „Traktat", https://www.dwds.de/wb/Traktat, Abrufdatum: 25. August, 2020.

[5] (Verfasser unbekannt) Stichwort: „Traktat", http://wortwuchs.net/traktat/, Abrufdatum: 25. August, 2020.

与宗教追求共同催生的产物，多为言说教义、播扬道德警策的文本。作者的域外传教士身份为传教手册额外增添了异质文化滤镜，成为传教士宣传和展现教务工作的有力媒介。基于现有的研究资料，对"传教手册"的文本划分亦存在以下两种定义方式：在广义层面，传教士撰写的传教手册可归于"传教文学"范畴，后者被定义为"真诚地渴望促进宗教事业的人们所写的文学作品"[1]；在狭义层面则被称为"叙事的传教式的小册子"[2]。

巴陵会自成立起便定期出版传教手册、传教期刊、传教报告等传教出版物，记录和宣传差会的传教工作。巴陵会1882年颁布的《传教规章》规定："每一位传教士都有义务认真撰写日志，每一季度经由教区总负责人寄回委员会，以详细的细节告知传教工作、传教活动的进展与困境，以及传教地境况。"[3]所谓"细节"，其"标准"为当地人生活中较为平常，而"在欧洲可激发起很大兴趣"的内容。"对于日记中记载的对话和经历等，尽可能及时地做好记录是必要的，因为只有这样，所记之事才能保留其充满吸引力的真实性与新鲜度。"[4]除此之外，各传教站负责人每半年需撰写条理清晰的报告以介绍传教站的发展状况。内容

---

[1] 托马斯·斯特恩斯·艾略特：《宗教与文学》，载《艾略特文学论文集》，李赋宁译，百花洲文艺出版社，1997年，第242页。

[2] 韩南：《中国近代小说的兴起》，徐侠译，上海教育出版社，2004年，第70页。

[3] *Missionsordnung der Gesellschaft zur Beförderung der evangelischen Missionen unter den Heiden zu Berlin*, Berlin, 1882, S. 66.

[4] Ebd., S. 68.

上，应"为家乡的传教团体透彻详细地呈现传教区人民的生活图景和描绘细节"[1]，撰文素材"应尽量选取传教生活中突出人物丰富或尤为重要的经历……亲历者在报告中呈现的鲜活事迹比国内精心改编的故事更具影响力"[2]。就形式而言，"严肃的真相与质朴忠实的表达"是基本要求，力图"避免乏味与枯燥"[3]。报告文字无须"虚假的表象"[4]，力求以真实与真切打动读者，"心灵的温度总是能够燃起火焰，即使喷涌而出的文字并未在高贵而华美的辞藻中舞动"[5]。概言之，"真实""真相"与"忠实"构成了巴陵会传教文本的首要要求。

除记录传教工作外，传教文本的另一主要功能是吸引德国乃至欧洲读者的阅读兴趣，获得基督教社群的更多关注，进而获取更多经济支持，助力差会传教事业持续长久地发展。传教士工作中的"困难、希望、失败、挫折比其他任何内容都能抓住传教团体的兴趣，促使人们为之祈祷。有关传教的报道可以涉及非基督徒民众的历史、习俗、迷信、礼教、罪及一切涉及异教民众品性人格的详细描述"[6]。对此，巴陵会在1844年的《传教报告》中也点明了差会大力开展文字事业的意图："阅读传教文章非常重要，

---

[1] *Missionsordnung der Gesellschaft zur Beförderung der evangelischen Missionen unter den Heiden zu Berlin*, a.a.O., S. 67.

[2] Ebd.

[3] Ebd.

[4] Ebd.

[5] Ebd.

[6] Ebd., S. 68.

一方面，这对于已有的传教活动必不可少，了解（传教）事业的进展情况是必要的。另一方面，这些文章是激发人们参与传教事业首要且最自然的途径。"[1]巴陵会将传教手册等传教出版物通过订阅和售卖的方式寄给感兴趣的传教人士，是19世纪中期至20世纪上半叶最典型的传教宣传形式。

第三节　德国巴陵会传教士笔下的中国故事

随着巴陵会海外传教事业的迅猛发展，1866年，《巴陵会宣传册·新系列》(*Traktate der Berliner Missionsgesellschaft. Neue Folge*，1866—1867）作为第一套新版传教宣传手册，在两年间共出版三册，未刊发来自中国传教区的文章。第二套传教手册《巴陵会传教宣传册·新系列》(*Berliner Missionstraktate. Neue Folge*，1871—1886），共印行28册，当时巴陵会在中国的传教事业尚处草创阶段，故仅有一部中国教区作品，即传教士何必力撰写的信徒故事《李庄严——中国传教忠实的见证人》(*Li-Tshyung-yin, ein treuer Zeuge in der chinesischen Mission*，1885）、讲述了广州传教区身世凄苦的阿勤（浸礼后更名为李庄严），经历磨难入读巴陵会传教学校，毕业后投身传教事业，力疾从公，

1　Zit. n. Roswitha Bodenstein, *Die Schriftenreihe der Berliner Missionsgesellschaft*, Berlin, 1996, S. 3.

成为教区的典范，被巴陵会柏林总部授予执事职位。该文堪称在华传教士作品的范本，后被重复收录于《新传教文集》。1889年，巴陵会为更好地记录和宣传海外传教活动，成立柏林新教传教协会书店出版社（后文简称书店出版社），为出版和传播新版传教系列文集提供了重要阵地和保障。

书店出版社成立后的近50年间，巴陵会陆续出版《新传教文集》《儿童传教文集》《新传教文集（新系列）》《儿童传教文集（新系列）》《儿童传教文集·新系列》和《小开本儿童传教文集》等系列传教手册，每套发行规模5—91册不等，但制式基本统一，以单行本的形式刊发，体裁包括游记、演讲、小说、日记等，其中来自中国传教区的作品近60册[1]，作者包括近二十位德国来华传教士和三位中国基督徒，内容涵盖中国语言、民间信仰、文化礼俗、妇女儿童、中国传教工作境况、中国信徒传记等。传教手册出版后深受德国读者欢迎，部分作品多次再版，被译成波兰语、索布语和立陶宛语等，仅《新传教文集》和《儿童传教文集》在发行前五年既分别售出11多万册和近15万册[2]，可见其传播之广、影响之大。

《新传教文集》创刊于1890年，截至1907年停刊时共印发86册，其中中国教区作品15册，占比逾六分之一。巴陵会在《年度报告》(Jahresbericht, 1891)中特别推介该刊："朋友们，我们恳请您将目光转向《新传教文集》，我们将在所有传教节日公开

---

1 这些传教系列手册中也有来自其他传教区的作品，如南非、乌干达、马达加斯加、印度、日本等，本研究仅论述来自中国传教区的作品。

2 Vgl. Roswitha Bodenstein, *Die Schriftenreihe der Berliner Missionsgesellschaft*, a.a.O., S. 7.

展示这套传教手册，请给予特别关注。"[1]手册统一采用蓝色封面和封底，关涉中国教区的作品封面以中国人物为主，封底多配有传教士拍摄的中国家庭全家福、中国妇女或中国寺庙的照片。每册篇幅一般为16页或32页，题材主要包括：中国信徒故事，如《新教教徒宋恩福》（*Der Evangelist Sung-en-phui*，1890）（第15册）、《学者李尊朝的报告》（*Mitteilungen aus dem Gelehrten Li-Syn-Tshoi*，1890）（第25册）、《李庄严——中国传教忠实的见证人》（第57册）、《我生命中最重要的事》（*Das Wichtigste aus den Tagen meines Lebens*，1901）（第65册）等；在华传教工作与生活概览，如《德国殖民地传教区的办学情况》（*Allerlei Schulbilder aus der Mission in den deutschen Kolonien*，1906）（第81册）、《胶州地区即墨市的传教工作》（*Aus der Missionsarbeit der Stadt Tsimo im Gebiet von Kiautschou*，1906）（第82册）、《由康庄大道转向独木小桥：传教区生活图景一览》（*Vom breiten zum schmalen Wege: ein Lebensbild aus der Mission*，1902）（第70册）等；中国人的生活百态，如《中国的形形色色》（*Allerlei aus China*，1901）（第63册）、《中国的生命与死亡图景》（*Bilder des Todes und Bilder des Lebens aus China*，1901）（第64册）、《中国女人》（*Die Frauen Chinas*，1902）（第73册）等。[2]

---

1 „Jahresbericht", in *Missions-Berichte der Gesellschaft zur Beförderung der evangelischen Missionen unter den Heiden zu Berlin für das Jahr 1891*, Berlin, 1891, S. 193-288, hier S. 198.

2 《新传教文集》中国教区作者包括巴陵会教区总牧者施那、卢威廉、和士谦，以及何必力、黎威廉（Wilhelm Rhein）等传教士；值得一提的是，第25册和65册首次收录两篇分别由中国基督徒李尊才（音）和陈奋斗（音）撰写、后由德国传教士和士谦与来施那翻译整理的中国信徒故事。

作为巴陵会在华传教士首次大规模集中书写的中国故事，各文类采取了不同的叙事策略。首先，讲述"信徒故事"惯用对比叙事的策略，凸显信徒在"归信基督教"前后思想与行为上的显著变化。如通过读书人陈奋斗自述曾因"异教的邪恶"沦为鸦片瘾者，饱受煎熬与折磨。但基督教"上帝的恩典"将他从黑暗带入光明与"平安的港湾"，成为广东始兴传教站一名中国事工，坚守信仰，虔信至终（《我生命中最重要的事》）。其次，在华"传教日志"与工作生活概览相对客观平实，多记叙传教士在华建立传教站，乐善好施，吸纳教民，发展教务等，彰扬传教的"功德绩业"。如《胶州地区即墨市的传教工作》详细记叙了传教士在即墨地区考察和建立传教站的见闻所感，利用热闹集市售卖基督教宣传册，通过办学、看诊等方式与当地乡民拉近距离，招收信徒，播撒教义。再次，描述中国人生活百态与民族特性的文章，惯于将中国信徒置于"异教徒"的对立面，强调所谓传教给中国人带来的"福音"与"恩赐"，激发德国基督徒对中国"异教"民众的同情怜悯之心。如《中国女人》从家庭地位、婚嫁、生育等角度描述女人遭遇的不公与苦难，认为中国女性有接受福音的必要与迫切。综之，《新传教文集》作为德国巴陵会在华传教早期重要的差会宣传读物，对基督教在中国的传播及近代"中国形象"在德国的建构起到了至关重要的作用。

1905年，巴陵会对传教手册实施了彻底而有效的变革，力图以更低的价格出版更精美的作品，实现更广泛的传播效果。[1]

---

1 Martin Wilde, *Mission und Pfarramt* (2. Jahrgang), Berlin, 1909, S. 135.

改版后的《新传教文集（新系列）》刊行至1937年，累计发行91册，其中来自中国传教区的作品21册，占比近四分之一。新刊手册除沿袭"传教士在华工作概述""信徒传记"等旧刊文类突出传教士在华传教成果外，亦有显著的创变。首先，形式上比旧版更加精美，采用质地优良的内页纸张与彩绘封面，封面设计力求与时俱进，正文添加了与作品相关的插图，如人物、风景照，中国传教站或教区地图，以及中国茶舍、寺庙佛像、中国信徒的手写信件、祖先祠堂等。每册作品篇幅有所扩容，增至16—40页。其次，作品题材更加"中国化"，描述中国民间信仰与礼俗，如第27册《中国的偶像崇拜》（*Bilder aus dem chinesischen Götzendienst*，1910）、第54册《龙 王》（*Liung wong, der Drachenkönig*，1922）、第55册《中国南部的经历与听闻》（*Erlebtes und Erlauschtes aus Süd-China*，1925）等；撰写中国信徒传记，如第30册《基督教旗帜下的忠实斗士》（*Ein treuer Streiter unter Christi Fahne*，1913）、第37册《水牛石的基督徒》（*Die Christen vom Büffelstein*，1912）、第38册《穿过黑暗，迎来光明》（*Durch Nacht zum Licht*，1913）、第45册《两位中国人如何寻得救主》（*Wie zwei Chinesen den Heiland fanden*，1914）等；探究中国语言文化，如第79册《中文难吗？》（*Ist die chinesische Sprache schwer?*，1935）等。最后，传教士作者阵容扩大，视野和立场多元拓展，除老作者来施那、和士谦及卢威廉以外，还有昆祚、戈特弗里德·恩特曼（Gottfried Endemann）、穆伦贝克·顾尔（Mühlenbeck Gurr）、海尔曼·米勒（Hermann Müller）、弗里德里希·施密特（Friedrich Schmitt）、玛丽·肖尔茨等。综之，尽管来自中国教区的《新传教文集（新系列）》几乎每册作品均有关涉中国民间信仰与祭祀礼俗的记叙，但传教士作品的初衷必定不是弘扬中国文化，而是为了开阔本国视听、增益国民见闻、累积民族智识。因此，中国文化的阐释与传播难免受到宗主国意识形态的宰制，而着力显化中国作为"异教国家"的蒙昧与顽腐，夸大传播福音帮助中国人摆脱撒旦魔爪的宗教意涵。

此外，巴陵会陆续推出四套儿童传教手册，亦颇具影响力。儿童传教手册属儿童文学范畴，具有启迪儿童灵魂、"引导儿童并加以巩固"的特殊属性，是用以向儿童"传达宗教教育内容的特殊方式"。[1] 开展宗教教育的必要前提便是赢得儿童的阅读兴趣，传教读本被认为是可充分激发儿童想象力和阅读动力的宗教读物：

> 异域国度、民族和习俗的迷人魅力将儿童牢牢攫住，这便是远方的魔力。奇异的、诡谲的、非日常的叙述营构出不可抗拒的诱惑力。幼童对童话故事的渴求，少年对英雄主题和冒险故事的喜爱，女孩对异国经验描述的钟情，亦即根据年龄和社会层次寻求对等的不同于自身的经验领域，所有这

---

[1] Walter Freytag, „Vom Bildungswert der Missionserzählung", in *Vom Dienst an Theologie und Kirche. Festgabe für Adolf Schlatter zum 75. Geburtstag 16. August 1927*, Berlin, 1927, S. 235-243, hier S. 236.

些都表现了传教小说与儿童基本需求之间的联系。而传教小说在很大程度上满足了这一想象。[1]

与《新传教文集》同年创刊的《儿童传教文集》[2]收录"由传教士撰写的通俗小说"和有关"中国传教区的记录"[3]，发行16年，出版55册，收录了德国传教士撰写的四部"中国故事"[4]：和士谦的《一位煤炭工人的故事》（*Eine Köhlergeschichte*，1898）和《一位中国基督徒离奇的生活方式》（*Merkwürdige Lebensführung eines chinesischen Christen*，1903）记述"皈依"基督教，临终感受到"神赐平安"的信徒故事；伊丽莎白·弗兰克（Elisabeth Franke）的《李村》（*Lizun*，1906）讲述传教士在李村收获中国信徒，并以基督徒的方式共同庆祝中德节日，呼吁德国儿童读者助力福音传播，为"异教"国度敲响"教堂的钟声"；昆祚的《中国的黑暗力量将被光明成功战胜》（后文简称《黑暗的中国力量》，*Die Macht der Finsternis in China wird durch die Macht des Lichtes siegreich überwunden*，1906）将尚未福音化的中国与中

---

1 Walter Freytag, „Vom Bildungswert der Missionserzählung", a.a.O., S. 239.

2 《儿童传教文集》于1890年创刊，是年发行18册，1892—1894年出版中断，之后每年印发1—6册不等，直至1906年停刊。

3 „Jahresbericht", in *Missions-Berichte der Gesellschaft zur Beförderung der evangelischen Missionen unter den Heiden zu Berlin für das Jahr 1891*, a.a.O., S. 385-416, hier S. 412.

4 除文章正文列出的四部作品外，该系列手册另有三部佚名的"中国故事"，分别为：《一座中国大城市》（*Beschreibungen einer chinesischen Großstadt*，1890）、《中国传教图景》（*Bilder aus der Mission in China*，1889）和《一位被贩卖和拯救的中国人的故事》（*Geschichte eines verkauften und erretteten Chinesen*，1889）。

国民众比作魔鬼撒旦代表的"黑暗",而将基督教渲染成拯救中国的"光明力量"。昆祚"过于相信上帝的力量","他的报告既不具有和士谦作品的戏剧性,亦缺乏卢威廉文字的可信性与确切性"[1],这也是昆祚虽在华传教多年,但其作品较少受到关注的原因。四部作品就形式而言,篇幅均不超过17页,手册封面与封底为中国传教区照片或手绘的教堂、传教士或中国官员肖像、中国敬拜仪式;故事内容方面亦缺乏典型的"儿童性",故冠名"儿童传教文集"显得有些名不副实。

《儿童传教文集》停刊三年后,巴陵会继而推出《儿童传教文集(新系列)》,总计发行17册,其中中国传教区作品共7册,每册篇幅为15—32页不等,内容包括:传教士"工作日志"和"信徒传记",如戈特弗里德·恩特曼《如何从魔鬼的奴隶变成上帝的仆人》(*Wie aus einem Knecht des Teufels ein Gottesknecht wurde*,1913)(第11册)和玛丽·肖尔茨《效仿慈悲的撒玛利亚人[2]的中国姑娘》(*Chinesische Mädchen in der Nachfolge des barmherzigen Samariters*,1914)(第16册);中国民间故事,如来施那《假神明招致嘲笑》(*Die falschen Götzen macht zu Spott*,

---

1 Lydia Gerber, *Von Voskamps „heidnischem Treiben" und Wilhelms „höherem China". Die Berichterstattung deutscher protestantischer Missionare aus dem deutschen Pachtgebiet Kiautschou 1898–1914*, a.a.O., S. 141.

2 有关撒玛利亚人的故事出自《路加福音》第10章25—37节,讲述一个犹太人被强盗打劫、身受重伤,路过的犹太祭司和利未人均未施救。唯有一个撒玛利亚人不顾教派隔阂善意帮助他,并自掏腰包将受伤的犹太人送至旅店住下。这一故事用以说明善良与否并不是由身份、信仰、教派或民族所决定的。

1909）（第6册）和戈特弗里德·恩特曼《中国故事若干则》（*Geschichten aus China*，1913）（第13册）。这些故事多以窠臼化的俗套叙事显化基督教信仰的"优越性"，贬斥中国神灵崇拜滋生"迷信"、落后、愚昧与荒谬。这套儿童传教手册聚焦的话题和采用的叙事套话在很大程度上呼应了瓦尔特·弗莱塔格（Walter Freytag）在《传教小说的教育价值》(*Vom Bildungswert der Missionserzählung*)中所倡导的写作原则：

> 不论是刻画"异教"民众堕落的偶像崇拜，抑或是以"今天是中国的新年"为开篇辞，随即描述奇特的风俗文化及其背后所隐藏的"异教"民众的苦难，对儿童而言，这些事实描述极具价值，因为这些叙事充分满足了儿童读者的想象力与行动的欲望——透过作品参与到传教士的信仰斗争之中，达成共情。[1]

此外，弗莱塔格亦提出了传教小说实现儿童信仰教育目的的另一个条件是"满足儿童读者的行动欲望"[2]。不论是"异教"儿童的贫苦和艰难处境，还是传教士在信仰斗争中的苦苦挣扎，都将儿童逐步引至传教行动中来，使其更加深刻地体悟基督教的"救赎"力量。原本对于远方世界的浪漫幻想被消解，转而更多关注传教工作的困难与进展，引发情感上的同频共振，进而实现

---

[1] Vgl. Walter Freytag, „Vom Bildungswert der Missionserzählung", a.a.O., S. 239ff.
[2] Ebd., S. 240.

宗教教育的目的。

就形式而言，《儿童传教文集（新系列）》的内页纸张质地优良，彩色封面印有中国相关主题手绘，如第6册封面为中国巨龙与德国传教士的对峙，喻指两种文化、宗教信仰之间的对抗与角力；有的封面则采用《圣经》主题，所绘图案为一本摊开的《圣经》，具体为《马太福音》第28章19—20节[1]内容，以彰扬福音传播的合规性与神圣性。概而观之，《儿童传教文集（新系列）》与旧版相较，内容同样过于成人化，栏目设计与同时刊行的主流出版物《新传教文集（新系列）》并无二致。"一战"爆发后，德国无暇顾及东方传教事务，短命的《儿童传教文集（新版）》随即停刊，而"一战"战败更是让巴陵会一度险些退出在华传教的舞台。

1926年，巴陵会逐渐恢复元气，重启儿童传教手册的刊印工作，改革刊行《儿童传教文集·新系列》，至1936年停刊共出版15册，中国传教区作品共9册，均由玛丽·肖尔茨和昆祚之女洛蒂·科尔斯创作，篇幅介于13—32页。该手册形式设计更加精美，彩色封面绘有独具艺术观赏性的画作，内页配有多幅黑白简笔插画或照片，如中国的神像敬拜、花轿、学堂、家庭合影等，语言风格更加简单质朴和口语化；尤为值得一提的是，这套系列手册首次凸显"儿童性"的办刊宗旨，封面多选用儿童主

---

1 "所以，你们要去使万民作我的门徒，奉父、子、圣灵的名给他们施洗。凡我所吩咐你们的，都教训他们遵守，我就常与你们同在，直到世界的末了。"（《马太福音》28：19—20）

题，故事内容增添了儿童阅读的趣味性和针对性，主要描写逆境中的中国儿童凭借信念和坚持，虔信基督教而获得"救赎"的故事。如《阿五——一个盲女的故事》(*A Ngi, die Geschichte einer Blinden*，1927)（第6册）和《雪婴与福弟》(*Schneewaise und Glücksbrüderchen*，1925)（第15册）讲述了中国女盲童在传教士创办的寄宿学校重获新生的故事。《忠泰：一个中国女孩的故事》（后文简称《忠泰》，*Dschong tai: die Geschichte eines chinesischen Mädchens*，1926)（第1册）、《中国儿童》(*Chinesenkinder*，1930)（第10册）、《可以喜爱中国孩子吗？》(*Kann man Chinesenkinder liebhaben?*，1930)（第11册）和《一束永恒的光线照了进来》(*Das ewige Licht geht da herein*，1932)（第13册）均记述了中国儿童在传教士的照顾与训导中成长，最终领洗入教的经历。这些作品倡导博爱与救赎，女传教士的文字格外显豁出母性的柔美和人性的光辉。

1937年，书店出版社推出全新的儿童传教手册《小开本儿童传教文集》取代《儿童传教文集·新系列》，共出版5册，其中3册是中国故事，均出自中国南部教区传教士弗朗茨·胡恩（Franz Huhn）之手，篇幅均为16页。《无头偶像》(*Der Götze ohne Kopf*，1937)描绘了中国宗庙祠堂的祭祀仪式、民众敬慎虔诚地祈愿，以及赛龙舟的热烈场面，为德国儿童读者传达异域陌生的宗教图景，"祈愿失败"的故事结局增强了离奇曲折的文学效果，增添了作品的趣味性与吸引力。《茶舍》(*In der Teehütte*，1937)则描述一位传教士在中国茶室歇脚攀谈，他将孩童比附为上帝"走失的儿子",以此安慰"走失了儿子"的中国父亲,以实现文本的宣教目的。《在盘古庙》(*Im Tempel des Panggu*,1937)借中国"盘古创世"神话引出"上帝创世说",呼吁中国儿童参加教会的周日主日学,聆听耶稣的故事。总体而言,在后期儿童传教手册系列中,多见传教士将中国故事与《圣经》教义相结合的论道方式,描绘出孤苦无助的中国儿童领洗入教的具象过程,既实现训谕功能,亦不失趣味与可读性,更好地将儿童"救赎"与基督教传播融为一体。

— 第三章 —

德国巴陵会传教士中国书写的叙事特征

巴陵会传教手册被定义为"叙事的传教式的小册子"[1]。在人类学视域下，叙事是一种"特定的看待世界的方式"[2]和"感知世界的途径"[3]，并通过"记录、讲述、界定、勾勒、归序、建构、塑造、系统化"[4]将所感知的经验联结，实现意义的生产与"制造"。反之，叙事的完成与故事的书写也强化和决定了书写者的"自我认同感"[5]。对于传教士群体而言，定期进行文字创作是义务的履行，也是在异土文化冲击与调适下，对自我身份与认同的反复确证。其叙事行为既受到母国差会的规约——对亲历经验的鲜活再现，又包含在既有的分类体系与认知模式下，通过对经验的归类和加工，实现对现实的"想象虚构"，并在文化的象征世界中"自我定位"[6]。巴陵会传教士发行于德国的传教文本具有秘而不宣，但又呼

---

1 韩南：《中国近代小说的兴起》，第70页。
2 奈杰尔·拉波特、乔安娜·奥弗林：《社会文化人类学的关键概念》，鲍雯妍、张亚辉译，华夏出版社，2005年，第245页。
3 同上。
4 同上。
5 同上，第247页。
6 同上，第249页。

之欲出的交流意图，其话语选择、叙事特征与策略均潜隐着特定的书写目的，营构了传教士自身对"异教"国度与中国"异教徒"塑造的话语逻辑框架，映射了德国新教传教士群体对中国他者的集体认知模式（认知的集体模式决定了书写者的叙事模式[1]）。

第一节 对立与比附：信仰划界与自我美化

构建二元对立的比较叙事是东方主义惯用的话语策略。在巴陵会传教士设置的与中国的结构化对立中，传教士处于二元对立的强势话语地位，中国成为传教士凸显自我、确证自我的对比底色。萨义德将东方主义者对东方的构建方式总结为"策略性定位"与"策略性建构"，认为任何书写东方的人都以东方为参照定位自己，并影响着作品的叙述角度、结构类型、意象和母题种类。在传教手册中，非基督徒与基督徒的人物塑造呈现出片面单一的脸谱化、定型化的书写特征，传教士和中国基督徒被作者赋予了更加强势的话语权。非基督徒（或被传教士称作"异教徒"）往往愚妄顽腐、贪婪纵欲，沦为传教士作者激烈批判的反面人物，而传教士则处乱不惊、博学善辩，对冥顽堕落的"异教徒"循循善诱、诲人不倦。

---

[1] 参见奈杰尔·拉波特、乔安娜·奥弗林：《社会文化人类学的关键概念》，第249页。

第三章 德国巴陵会传教士中国书写的叙事特征

在《狗垒——中国人及其家庭生活》(后文简称《狗垒》，*Keu-loi, Ein Bild Chinesishen Volk-und Familienlebens*，1900) 中，传教士来施那细致描绘中国民众看到传教士逐渐靠近人群，即刻表现出强烈的敌意和抗拒，怒斥其为"外国鬼仔"，叫喊着"打他，砍头"，而传教士对这些谩骂声"置若罔闻"，"友好地向民众走去"，"脸上挂着友善的微笑"，不惧敌意和危险，坚持在人群中坦然传教，并在说教中糅合中国文化，对比的叙事手法衬托出传教士区别于"异教"看客的克制与智性。传教士对人群说道：

> 就像国家中只有一个国王，天上只有一个太阳一样，天上地下也只有一个真神……这也是尧帝和舜帝所敬拜的神……亲爱的朋友们，不要这样咒骂，也不要轻蔑地嘲笑，而要敬重他，就像你们伟大的智者所言：见贤思齐。[1]

因延承前辈的传教经验，诸如来施那等巴陵会传教士在面向对西方基督教激烈拒斥的中国民众说教时，已然懂得巧用中国文化作"护身符"，将之作为基督教教义与中国本土文化兼容性的佐证，对中国思想假意趋附，以便实现基督教教义的输出。但来施那的尝试似乎以失败告终，众人"推搡他，试图扯下他头顶的帽子"，来施那依旧不惮烦琐地用"平静的话语"劝诫民众，缓

---

[1] Wilhelm Leuschner, *Keu-loi. Ein Bild chinesischen Volks- und Familienlebens*, Berlin, 1900, S. 26.

缓走出人群,"没有显露出丝毫畏惧"。[1]文本对传教士群体姿态与品格的正面塑造,使其与周围的"异教"民众形成鲜明分野,"高尚克制"的传教士俨然成为西方文化与基督教文明优越论的代言人,显豁出传教士勇毅的正面形象和忠于传教的拳拳赤诚之心。一方面,中国民众的所谓野蛮暴躁暗合传教士话语中"异教徒"的卑劣品性,沦为传教士的反向衬托,无形中凸显出传教士在叙述中的主导地位。另一方面,作为饱受诘难与腹诽的异土传教士,作者意欲将现实遭际与《圣经》中耶稣及其门徒的传教经历做比附,表现传教士对救主耶稣的神圣效法。

为了向德国资助者和差会展现异国传教的艰难阻力,传教士来施那用极为夸饰的语言描绘了中国人眼中被称作"外邦人""番鬼"的自己,即呈现了本我视域下他者眼中的双重本我。他者视角下的传教士虽从生活空间到品性本能都表现出一种诡异的"退化",却旨在凸显中国民众近乎荒诞的闭目塞听、画地为牢。其笔下的中国人认为外国传教士"住在沙漠和世间的角落里",不敬畏鬼神,"不祈祷神明,也没有孔子"[2]。对传教士外观的摹写充斥着中国人的"无知"想象,"绿眼睛、红胡子、灰头发……可观至地下七尺,水中可视不足一寸"。外国人的"头发不会生长,但胡须却长得很快","从不剃头,因为没有剃胡须的本事",身上的紧身衣装"被他们缝在了身上,这样当小跳蚤咬他们的时候就能抓到了"。[3]来施那笔下借由"他者"想象塑造

---

[1] Wilhelm Leuschner, *Keu-loi. Ein Bild chinesischen Volks- und Familienlebens*, a.a.O., S. 26.

[2] Ebd., S. 24.

[3] Ebd., S. 24f.

的"本我"形象极具技巧性，在叙述中将"真实"与"虚构"、"客观"与"想象"巧妙糅合，假意切换视角——以中国人的特征标准为参照系，既突出了中国人对剃头、蓄须留辫、衣着剪裁粗糙、身上多有跳蚤等落后习俗的盲视，话语中的文化与文明优越感呼之欲出。传教士对中国"异教徒"的批判与蔑视，正是其背后基督教文化排他性与西方文化霸权自发性的有力证明。

通过对中国人视域下传教士他者的载述，巴陵会传教士试图将其感知与经历的仇外与敌视，全然归咎于中国民众思想的偏狭。文本中，中国人认为"外国鬼仔极其恶毒"，"掠杀孩童，用他们的眼睛做照相机和电报的药水。如果喝了他们的茶水或是吸食了他们的烟草，就会着魔，像被施了法似的，然后相信他们的教义学说"。[1]戈特弗里德·恩特曼的《水牛石的基督徒》中也出现了相似情节：阿路和他的兄弟在归信基督教前受谣言影响，不敢靠近传教站半步，担心"喝到有毒的茶水"或"吸入有毒的烟草"后被迫改易信仰，对外国传教士更是"敬而远之"，避之唯恐不及。集市上流言纷飞，传言外国人常于晚间上山，挖掘新坟，盗取尸体的眼睛制作神药，屠杀婴儿，类似暴行不可悉数。[2]两段文本的互文叙事或可在一定程度上佐证当时的中国民众对域外来客的敌视与妖魔化倾向[3]，但相关历史真相客观阐释的阙如，

---

1 Wilhelm Leuschner, *Keu-loi. Ein Bild chinesischen Volks- und Familienlebens*, a.a.O., S. 24f.
2 Vgl. Gottfried Endemann, *Die Christen von Büffelstein*, Berlin, 1912, S. 10.
3 有学者将这一历史现象称为"西方学"，对应萨义德的"东方学"，意在表明东西方之间的认知偏误是相互的。参见杨雄威：《国民性的神话与历史》，《中山大学学报》，2012年第4期，第94页。

传教士群体对真实历史细节不约而同地回避与退却，同样值得思考。

有关西方传教使团"用药迷拐孩子入堂挖眼剖心制药"的谣言并非空穴来风，学界已有学者详细回溯和爬梳这一历史事件。当时法国天主教传教士"出于虔敬的热忱"为其建立的育婴堂收养了大批即将死去的孩童，以便在其死前为其施受洗礼。但被收养的孩子因医疗卫生条件的限制与恶劣的自然灾害，有相当一部分在育婴堂中死去，由此催生了"外国人诱拐和购买幼童，挖眼入药"的"谣言和恐怖童话"。[1]中国官员记录的文字为这段历史增添了更多细节，"是时堂中死人过多，其掩埋又多以夜，或有两尸三尸共一棺者"，"野狗扒开所埋死儿之棺，内有多具儿童尸体"，尸体"皆由内先腐，此独由外先腐，胸腹皆烂，肠肚外露，由是浮言大起"。[2]

由是观之，有关传教士"挖眼剖心制药"的说法实为谣言，但之所以成为1870年天津教案的直接导火索，使中国人对洋人形成极具妖魔化色彩的偏见，源于传教士与中国民众积怨已久的矛盾，是西方传教士将传教事务与西方强国政治相捆绑的后果。在中国民众眼中，基督教与鸦片均是外国人借助坚船利炮引入中国的"罪恶"[3]，因而反基督教运动与反帝运动是脱不开干系的，巴陵会传教士和士谦亦表示："福音之所以如此令人憎恶，是因为

---

1 Wolfgang Franke, *China und das Abendland*, a.a.O., S. 69.
2 杨帆：《〈纽约时报〉视野中的天津教案》，《东岳论丛》，2016年第4期，第98页。
3 Wolfgang Franke, *China und das Abendland*, a.a.O., S. 66.

它是尾随着世界上最不平等事件之一——强制进口鸦片出现的。鸦片战争为福音开辟了通向这一大国的通道。"[1]来施那和恩特曼对历史事实的回避可在一定程度上视作该群体将传教事务与政治力量相割裂的尝试，在面向中国基督徒布道时，诸如何必力等巴陵会传教士也始终强调其"传教行为并非由外国政府开展，而是对于虔敬基督徒的一种自由的规约"[2]，但也有传教士持相异观点，被评价为"过于相信上帝力量"的昆祚便坚持认为"政治和贸易均应服务于传教事业"[3]，甚至将西方列强的侵略视作"上帝借用西方的力量敲开中国的大门，为传播福音开辟道路"[4]。但无论如何，鸦片战争以降，包括德国巴陵会在内的西方在华传教活动的确直接得益于西方列强的侵略扩张，并在之后的教务开展中持续获得庇护，传教士成为殖民主义与西方霸权主义"谋求政治利益、承载政治影响力"[5]的对象。传教士对相应历史现实的回避退却，在表述社会现象时的避重就轻，足可确证其文字创作背后的目的——"不仅在反映现实，更是在塑造现实"[6]，西方传教士利

---

1 Carl Johannes Voskamp, *Unter dem Banner des Drachen und im Zeichen des Kreuzes*, a.a.O., S. 119.

2 Helle Jörgensen, „Zum wechselvollen Verhältnis von Mission und Politik: Die Berliner Missionsgesellschaft in Guangdong", a.a.O., S. 191.

3 Adolf Kunze, *Die Macht der Finsternis in China wird durch die Macht des Lichtes siegreich überwunden*, Berlin, 1906, S. 1.

4 Lydia Gerber, *Von Voskamps „heidnischem Treiben" und Wilhelms „höherem China". Die Berichterstattung deutscher protestantischer Missionare aus dem deutschen Pachtgebiet Kiautschou 1898-1914*, a.a.O., S. 141.

5 Wolfgang Franke, *China und das Abendland*, a.a.O., S. 72.

6 刘禾：《语际书写——现代思想史写作批判纲要》，上海三联书店，1999年，第78页。

用叙事者的特权"将事件线扭曲成自己所需要的意想不到的效果和好奇的阅读动力学"[1]。

来施那的《中国的生命与死亡图景》是凸显传教士与中国"异教徒"品格差异的典型文本，两者品性人格的塑造显现出结构化的二元对立。故事中的中国"异教徒"言行不一、自私冷漠，传教士则是正义的说教者，乐善好施、热心慷慨，对病患与弱者屡施援手。作品前半部分由五个关于"死亡"的恐怖故事构成，旨在深描中国"异教徒"生活的黑暗底色，包括"中国小女孩的苦难""异教徒生儿子的办法""对河神的恐惧""路上的不幸者"和"异教民众如何治疗麻风病人"；后半部分讲述七个归信基督教后收获"新生"与"救赎"的中国信徒故事。

"中国小女孩的苦难"和"异教徒生儿子的办法"讲述中国年轻母亲因笃信迷信、畏惧鬼神，害怕被"女孩鬼"缠住而得子无望，遂将新生的女婴遗弃和杀死的恐怖见闻。在"对河神的恐惧"中，拉船的纤夫沉入水中，同伴见状没有施救，而是认定他"落入河神之手"，随即取出匕首，切断了纤夫腰间的绳子。传教士闻声欲"跳水救人"，却被纤夫的同伴"强力阻拦"，纤夫最终丧命。[2]"路上的不幸者"记述了传教士在去南雄途中遇到一位濒死的老者躺卧路中，正虚弱地呻吟。传教士挺身下马，跪蹲在老者身旁询问，得知老者两日前跌倒摔断胯骨，动弹不得。其

---

[1] 詹姆斯·费伦、彼得·J.拉比诺维茨主编：《当代叙事理论指南》，申丹等译，北京大学出版社，2007年，第261页。

[2] Wilhelm Leuschner, *Bilder des Todes und Bilder des Lebens aus China*, Berlin, 1901, S. 3.

间无数人从老者身旁走过，无一人伸手搭救。老者饥渴难耐，备受煎熬，不远处茶馆里的人正"愉快地吞云吐雾，喝茶闲谈"。传教士欲施援手，组织众人凑钱安顿老者，众人不愿，更恐将死的老人与自己发生瓜葛，徒增麻烦，最终老者死在了"中国最为热闹的街道之一上"。[1] "异教民众如何治疗麻风病人"讲述一位患有麻风病的老人被村民赶出村庄，老人有四个儿子，依靠他的田产生活，儿子们轮流给老人送来大米和蔬菜。孤独的老人通过传教士了解到基督教，频繁前往教堂，参加礼拜或到传教站取药治病。传教士为老人治疗半年后，深红色的麻风斑块逐渐变小变白，老人在基督教中找到了"灵魂的救主"，获得了幸福的慰藉。后传教士因故前往广州，复归后惊闻老人已因麻风病被村民烧死。实际并未在场的来施那绘声绘色地"复现"了民众处置老者时的可怖景象：

> 这一天到了，全村人都忙碌起来。男女老少沉浸在欢乐的氛围中，在一块空旷的广场上摆起筵席，孩童玩耍着，欢呼着。人们敬酒吃肉，患病的老人也坐在一张狭小的矮桌旁喝酒……老人过了一辈子心酸的生活，辛勤劳作、痛苦挣扎、节衣缩食。为了什么呢？是为了让旁人将积蓄耗尽吗？他把儿子拉扯大，到头来他们却成了杀死他的刽子手……老人被捆住手脚，抬进早已备好的敞口棺材中。棺材迅速合

---

[1] Wilhelm Leuschner, *Bilder des Todes und Bilder des Lebens aus China*, a.a.O., S. 4f.

上，随即被抬上柴堆……火焰湮没了棺椁，木板发出嘎吱地声响，又或是里面老者的呻吟？民众欢呼、大笑，直到一小时后火焰逐渐熄灭。[1]

作者采用的全知视角和展示于场面细节及人物心理的聚焦技巧表现了叙事的虚构属性，映射出传教士对"异教徒"他者的极端想象，即以"倒置"[2]的视角将中国"异教徒"标记为欧洲人的对立面，如果说传教士认知中的德国人（欧洲人）是理智、文明和驯良的，那么中国"异教徒"便是无理性、野蛮和无节制的。极具讽刺意味的是，文本中的传教士在目睹并激烈批判中国民众"见死不救"的恶行之后，同样未对濒死的弱者施以援手，作者将其解释为避免"我和我的信徒陷入最严峻的危险之中"[3]，只得作罢或是"悲伤地离去"[4]，这也在一定程度上显现出部分传教士的言行不一以及伴随着西方资本主义浪潮滋长的个人利己主义本质，虽极力追求信仰灵性的纯粹，亦不可避免地受世俗观念影响。

相较于前半部分极力呈现"异教"民众的昏昧智识与黑暗灵魂，后半部分则努力彰显归信圣道后光明的理想生活。七个短小故事的主人公皆是普通的中国民众，没有交代具体名字，只是化约为一个个符号化的角色，共同指向基督徒的统一身份。文本载

---

1 Wilhelm Leuschner, *Bilder des Todes und Bilder des Lebens aus China*, a.a. O., S. 8.
2 奈杰尔·拉波特、乔安娜·奥弗林：《社会文化人类学的关键概念》，第11页。
3 Wilhelm Leuschner, *Bilder des Todes und Bilder des Lebens aus China*, a.a.O., S. 5.
4 Ebd.

体虽为传教手册，但并未言辞冗长地借基督徒之口载述教义，而是通过叙述中国人的日常生活来展现基督徒处理日常相同问题上的相异方式，以及归信圣道后生活上发生的正面变化。前三个信徒故事和前文前三个"死亡画面"在情节上是一一对照关系，直观呈现中国"异教徒"与基督徒处理相类事件的迥异方式，强调了基督教作为精神力量对灵魂和行为的涤荡作用和影响。

此外，传教士对中国节日与基督教节日的摹写同样隐伏着褒贬分明的书写倾向。中国节日是"中国性"的载体，对于古代民众而言，既是精神层面的追求，也是宗教性格的体现。作家冯骥才将中国传统节日论说为"独具内涵与情氛的迷人日子"，人们通过节日将"共同的生活理想、人间愿望与审美追求融入节日的内涵与种种仪式中"[1]。中国传统节日的形成与农耕文明密不可分，彰显着中国古人与自然的密切关系，也是民族文化传承的载体，是滋养民族精神的重要方式。在传教士话语逻辑下，用于构建文化、民族与家庭归属感的中国传统节日往往脱离节日的仪式化语境，失去节日本身的功能性作用和深厚的文化内涵，被简单论说为中国民众苦中作乐、"缓解辛劳与疲乏"[2]的方式，"在苦累而繁重的生活之余为人们带来唯一的休息与乐趣"[3]，是充溢着敬神拜偶、祭祖等与基督教教义相抵牾的宗教元素的"异教"仪式。[4]

---

1 参见赵波：《"节日"重温》，《宗教与哲学》（第八辑），2019年，第335页。
2 Gottfried Endemann, *Wie aus einem Knecht des Teufels ein Gotteskind wurde*, Berlin, 1913, S. 3.
3 Gottfried Endemann, *Die Christen von Büffelstein*, a.a.O., S. 9.
4 Ebd., S. 2–8.

反观巴陵会传教士对基督教节日的描摹往往巨细靡遗，将圣诞节、降临节等基督教节日表述为一种精神符号和文化象征。在儿童传教手册系列中，洛蒂·科尔斯的《一束永恒的光线照了进来》和玛丽·肖尔茨《效仿慈悲的撒玛利亚人的中国姑娘》等作品皆围绕基督教节庆活动展开。

《一束永恒的光线照了进来》由五篇贯穿圣诞主题的短故事组成："我们要闪耀""小狗成为小羊""在中国的周日主日学校庆祝圣诞节""水肿老妇首庆圣诞""孤独的圣诞夜不再孤单"。"我们要闪耀"和"在中国的周日主日学校庆祝圣诞节"细致摹写了传教士在传教区携中国儿童及其家长共同欢庆圣诞的热闹场景，从合力制作"色彩斑斓的纸质马厩"[1]，到一同欢唱圣诞歌曲、讲述圣诞故事，描绘了中国孩童与传教士子女欢笑共处，基督教与"异教徒"打破信仰和种族的界限，沉浸在巴赫金笔下的"狂欢化"的时刻，构建起一种乌托邦式的和谐关系。"孤独的圣诞夜不再孤单"以旁观者的视角记叙传教士在圣诞节之夜，孤独地思念亡故的妻儿，在扬播福音的路上苦苦坚持，后被中国孩童邀请同庆圣诞，将孤独与悲伤驱散。故事"小狗成为小羊"和"水肿老妇首庆圣诞"记述两位中国慕教者在重病去世前归信圣道，渴望与传教士一同庆祝圣诞节的故事。此外，儿童宣教手册《效仿慈悲的撒玛利亚人的中国姑娘》和《忠泰》[2]中的圣诞节同样显豁出基督教疗愈和净化的双重功能。《效仿》记述了参加周日礼

---

[1] Lotti Kohls, *Das ewige Licht geht da herein*, Berlin, 1932, S. 4.

[2] Marie Scholz, *Dschong tai: Die Geschichte eines Chinesischen uädchens*, Berlin, 1927.

拜仪式的中国女孩在传教士的安排下，来到一位重病信徒的家中庆祝圣诞节，"为穷人和伤病者带去圣诞的光亮和喜悦，驱散黑暗与悲伤"[1]的故事。《忠泰》中的圣诞节被赋予了温暖、光明与爱的意涵，是身世凄苦、病入膏肓的女孩忠泰热切渴望的节日，故事叙述了传教士和参加主日学的其他孩童为忠泰送去关爱和欢乐，共同欢庆圣诞节，帮助她实现临终愿望。

概略言之，巴陵会传教士对基督教节日的细致书写主要服务于三个目的。其一，传教手册生成于传教日志，传教士试图透过节日的庆祝仪式向中国民众输出"黑暗的异教国度"的观念，并借由欢乐喜庆、充满异域风情的西方节日吸引中国信众（儿童尤甚）参与其中，以一种游戏化的隐性宣教方式引导儿童归信圣道。

庆祝是一种仪式化行为，是"一种表达出来的仪式化的游戏"[2]。中国孩童虽参与庆祝圣诞，却大多对节日的宗教属性缺乏认知，只理解为一种关乎庆祝的"游戏"。然而，"庆祝可唤起情感"[3]，在中国儿童与传教士及其子女共同庆祝基督教节日的过程中，基督教教义的庄严神圣被包裹在庆祝活动娱乐性的外衣之下，共同渗透进中国儿童的精神与经验世界，内隐的宗教目的和外显的游戏性，增强了儿童的参与意愿和热情。传教手册中述

---

1 Marie Scholz, *Chinesische Mädchen in der Nachfolge des barmherzigen Samariters*, Berlin, 1914, S. 10.
2 罗纳尔德·格莱姆斯：《仪式的分类》，王霄冰主编：《仪式与信仰》，民族出版社，2008年，第30页。
3 同上。

及，在降临节期间，传教士带领中国儿童学习圣诞俗语、讲述圣诞故事，共同"歌唱光明"，借由歌曲向儿童传递"黑暗的异教国度"的观念：

> 圣诞节这一天将有一束光照亮世间！在漆黑的夜晚，我们挂在外面的灯光就是一个譬喻。我们的小灯笼如何发光，我们也想在异教国度的黑暗中发光发亮，并希望耶稣的光明有一天能照亮整个黑暗的异教国度……昏昧笼罩着大地，黑暗笼罩着民众。但是主在你之上升起，他的荣耀照射在你身上！[1]

基于灯笼这一共同的节日元素，传教士将基督教的降临节与中国的元宵节作比，然其对中国元宵节的理解更多拘囿于节日的外在形式，略去了元宵节涵括的和谐团圆、祈愿风调雨顺等文化内涵，更多落笔在节日所包含的"拜神"习俗："异教徒会庆祝一个异教节日——元宵节，他们将色彩缤纷的纸灯笼挂在摇曳的竹棍上，以此表达对神灵的崇敬。"[2]女传教士随即强调，这一传统中国节日虽然"如此浪漫和美好"，但"基督徒孩子不允许再庆祝这一节日"[3]，这亦清楚反映出19世纪新教来华传教士一种普遍的传教观——不再将基督教的外在形式与中国国

---

[1] Lotti Kohls, *Das ewige Licht geht da herein*, a.a.O., S. 10.
[2] Ebd.
[3] Ebd.

情相适应，归信基督教的中国信徒必须在很大程度上与流传已久的礼俗习惯割裂开来。[1]在华德国新教传教士大多坚持自身原有文化，最大程度上保留母国文化与生活方式，将传教站、学校和教会医院变成遥远异域中的一块德国岛屿，庆祝圣诞节、与当地人一起排练圣诞歌曲便是极具代表性的文化活动。[2]亦如洛蒂·科尔斯在《安内洛雷的彩色之路》中表示："每一个德国传教站，无论在哪里，都是原汁原味的德国一隅，是一小块心爱的故乡。"[3]

其二，圣诞节的庆祝仪式亦是传教士用以诠释教义、"间接"吸纳教徒的宣教手段。传教士在作品中直言不讳地点明圣诞节承载的宣教功能：希望"圣诞节的神奇力量"[4]在"异教"儿童的身上发挥作用，从而借助儿童的影响进一步将家长"争取"为信徒。文本中多次聚焦中国儿童对基督教节日的渴慕，"圣诞节也是中国女孩生活中的高潮时刻"[5]，热闹新奇的西方节日将儿童的父母吸引至教堂，共同体验"圣诞节的欢乐"，"孩子们向他们讲述圣诞节是非常美妙的事情……朴实的中国人摆脱了日常琐事中的斤斤计较，被庄严的夜晚[6]包裹"[7]。

---

1 Wolfgang Franke, *China und das Abendland*, a.a.O., S. 69.
2 Vgl. Norbert Hopster, Petra Josting, Joachim Neuhaus, *Kinder- und Jugendliteratur 1933-1945, Band 2: Darstellender Teil*, Stuttgart, 2005, S. 756.
3 Lotti Kohls, *Annedorles bunter Weg*, Stuttgart, 1937, S. 77.
4 Wolfgang Franke, *China und das Abendland*, a.a.O., S. 9.
5 Marie Scholz, *Chinesische Mädchen in der Nachfolge des barmherzigen Samariters*, a.a.O., S. 9.
6 德语原文为 Weihe-Nacht，合写即"圣诞节"之意。
7 Lotti Kohls, *Das ewige Licht geht da herein*, a.a.O., S. 9f.

在庆祝活动中，圣诞故事作为"基督教崇拜的展示橱窗"[1]，与圣诞音乐共同编织成一张印刻着基督教思想精神的信仰之网，笼罩在参与庆祝的民众身上："三个女孩登场，分三个段落背诵《路加福音》里的圣诞故事。每个段落之后都会引入一个儿童唱诗班演唱的赞美诗，基督教的话语和歌曲总是彼此补充。"[2]音乐的宣教作用是不容忽视的，正如宗教学家弗里德里克·J. 斯特伦（Friedrick J. Streng）在其著作《人与神——宗教生活的理解》中对宗教音乐的论述：在宗教活动中，音乐虽然只充当背景或是烘托氛围的作用，但音乐本身自有一种独特的转变力量。[3]"愈是临近圣诞，她们的歌声便愈是欢快，黑色眼眸愈加明亮地闪烁。"[4]巴陵会传教士格奥尔格·科尔斯（Georg Kohls）甚至尝试将圣诞歌曲改成更易理解和掌握的新形式，以便中国妇女和儿童能"轻松快速地学会"，并在反复吟唱的过程中理解歌曲"最深层次的意义"[5]，儿童的歌声俨然成为充斥在教堂中萦回不散的宗教力量，对节日庆祝活动的参与者持续产生影响。

值得一提的是，巴陵会传教士在中国庆圣诞，利用民众对西

---

1 阿利斯特·埃德加·麦格拉思：《基督教概论》，孙毅、马树林、李洪昌译，上海人民出版社，2013年，第359页。

2 Lotti Kohls, *Das ewige Licht geht da herein*, a.a.O., S. 9.

3 斯特伦：《人与神——宗教生活的理解》，金泽、何其敏译，上海人民出版社，1991年，第243页。

4 Marie Scholz, *Chinesische Mädchen in der Nachfolge des barmherzigen Samariters*, a.a.O., S. 10.

5 Lotti Kohls, *Das ewige Licht geht da herein*, a.a.O., S. 10.

方节日的猎奇心理——"想来看一眼圣诞节是如何庆祝的"[1],吸引中国人来到教会一探究竟。其原因在于,在华传教士在中国人社区周围建立西式传教站和教堂,受政治条约庇护,雇用中国仆人和助工,其烙刻着西方现代性印记的生活方式将基督教与西方世界的富裕和舒适联系起来,向中国人输出民族等级思想,营构出传教士群体及其文化事象的优越地位,从而使发生于异土的圣诞庆祝活动格外具有吸引力。这一心理在文本中亦可寻得确证,在欢庆圣诞的过程中,传教士向中国儿童发放小礼物成为"所有人最期待的环节","每个孩子都拿到了一张圣诞画、一捧花生、几块小蛋糕和两个小甜橙。一点小东西,但却是巨大的喜悦感"[2]。不可否认,来自异域文化的节日习俗为中国儿童带来了独一无二的新鲜体验,建立教会学堂与现代医疗设施的初衷虽为劝勉"异教徒"进德向善,但也切实地将一抹彩色的异域之光投射进中国孩童的生活之中。然而传教士的文字在立足于自我宣传的同时,其物质与精神文明优越心理呼之欲出,恰如德国学者诺贝特·霍普斯特(Norbert Hopster)在《宗教文学》一文中对传教士文本的评价:

> 当地人的住宿条件通常被描绘成贫穷和脏脏的,与此相反,传教站则被描摹成一幅田园般的画面,有美丽、宽敞的

---

[1] Lotti Kohls, *Das ewige Licht geht da herein*, a.a.O., S. 9.
[2] Ebd., S. 10.

房屋，属于他们的场地上充满整洁和秩序。

……

在对当地人陈词滥调的，且通常是负面的描述中存在着一个共同点，即为德国传教士的必要存在提供理由。然而，这里不仅体现了基督教固有的传教任务，还体现了欧洲人对其他民族抱持的自然和文明优越感。[1]

综之，传教士试图通过基督教节日的庆祝仪式向中国民众传输中国"黑暗异教国度"的观念、宣扬基督教教义，以此影响民众对基督教的理解与体认，甚或对本土文化产生动摇和质疑。这一现象被后殖民理论家佳亚特里·斯皮瓦克（Gayatri Spivak）概括为"认知暴力"——一种"非强制性"的软暴力。[2] 与武力征服的暴力不同，认知暴力是以科学、普遍真理和宗教救赎等话语排斥和重新塑造殖民地文化的行为[3]，即将自我的认知方式强制性地投射到被殖民者身上，对其实施思维的统治。尽管传教士的原初动机是宗教性的而非政治性的，但他们无意识地与同时代的殖民主义者及帝国主义者共享相同的价值观和意识形态，是传教士自身较难超越的。诚然，不可否认的是，传教士通过建立教会学校、举办西方节日，使中国女童获得难能可贵的受教育权，节日

---

[1] Norbert Hopster, Petra Josting, Joachim Neuhaus, *Kinder- und Jugendliteratur 1933–1945. Ein Handbuch. Band 2: Darstellender Teil*, a.a.O., S. 756.

[2] 李应志：《关键词·认知暴力》，《国外理论动态》，2006 年第 9 期，第 61 页。

[3] 同上。

庆祝活动为女童提供了展现自我、认识自我和重塑自我的机会，是对当时中国传统女性观的伟大颠覆，为女性压抑的社会和家庭生活注入光亮与生机。

其三，巴陵会传教士意欲通过节日叙事加强德国儿童读者的基督教信仰教育。传教士的节日叙事统摄了个体心理、身体实践和集体行动，使其在远方异域时空下达到内在统一，让身处平行时空的德国儿童读者体悟到，"基督教在家乡和国外传教地均处于重要地位"[1]，基督教节日是其"生活中的一个重要焦点"[2]，从而更加乐于参与现实的信仰生活，并让德国儿童读者更加深刻地认识到被赋予的一切，对之抱有感恩之心，从而增强儿童的信仰信心，实现基督教宗教教育的目的。

在传教士的东方主义话语体系中，作者有意或无意地以基督教文明为参照坐标，重复构建中国与德国、"异教"与基督教之间的结构化对立，中国成为巴陵会传教士彰显基督教信仰优越性的衬托底色。传教手册中，相较于中国"异教徒"，传教士和中国基督徒被赋予了更加强势的话语权和更为正面的品性人格："异教徒"往往愚妄顽腐、贪婪纵欲，传教士和中国基督徒则处变不惊、正直勇毅，两类人物形象塑造均呈现出脸谱化、定型化的书写特征。此外，中国前现代农业文明与西方后现代工业文明之间的对立化叙事亦随处可见。传教士将中国传统节日载述为一种中国民众苦中作乐的消遣方式，着力论说为充溢着民间信仰与

---

1 Walter Freytag, „Vom Bildungswert der Missionserzählung", a.a.O., S. 243.

2 Ebd.

祭祀习俗的"异教"仪式，脱离了节日的仪式化语境，节日本身的文化意涵与功能被隐匿和削弱。相较于中国传统节日，基督教节日作为一种精神符号和文化标识，被传教士巨细靡遗地生动再现，成为传教士向中国民众诠释教义、施加宗教影响力、传递中国"异教"国度观念的传教工具，其细腻的笔触亦满足了德国儿童读者的行动欲望与参与感，在营构中国节日的"异教"属性之余，实现了对本国儿童的宗教教育目的。

第二节 讹变与错位：神话传说的谬误阐读

神话是中国浪漫主义文学的生发源头，彰显了中国人民自古以来丰盈的想象力，寄寓着人民的美好愿景，同时也是"原始人民的信仰与生活之混合的表现"[1]，不仅反映着农耕文明时代中国人民对神的意志和魔法力量的服从，也蕴含着中国人民的原始宗教崇拜等信息，故此也是传教士用以考察中国宗教和中国人自然观、鬼神观、思维方式乃至人格脾性的管道之一，正如巴陵会传教监督格鲁尔（Glüer）所言："中国童话拉进了我们与中国民众的距离。"[2]尽管此处使用"中国童话"一词，但因"中国的

---

[1] 茅盾：《神话研究》，百花文艺出版社，1981年，第83页。
[2] Johann Adolf Kunze, *Liung wong, der Drachenkönig*, Berlin, 1922, Vorwort, S. 1.

童话故事不是关乎想象力的自由游戏,而更多是宗教性的想象世界"[1],格氏随即纠正为"中国神话"。巴陵会传教士试图在中国神话故事中"解码"中国"这一泱泱大国的宗教想象",进而考察"中国人对神明与鬼怪的思考"[2]。传教士对中国神话的译介与改写,对所接触故事的剪裁、想象、加工抑或填充,无不潜藏着集体无意识和特定的意识形态,在一定程度上也是传教士极具创造性的个人写作行为。

昆柞的《龙王》讲述了流行于山东民间的五个"龙王"故事:"龙王施法降冰雹"、"黑龙王传说"(两则)、"泾河龙王被斩首"、"青龙王与药王孙思邈",以此展示中国道教对中国神话想象的渗透与规约。这些神话传说蕴含道家的鬼神观,是"从人类世界向神明世界的直接过渡,犹如两个世界之间不存有界限……神明的世界呈现出完全的人类关系"[3]。人世"天子"在道家思想中位列道家师祖之下,但在其他普通神明之上,"人与神明彼此转换,人与神明本质上共同存在于同一个世界"[4],由此生成传教士话语体系下的"中国式"鬼神观:中国人对于神明的追寻与崇信并非"跨越现世",而是"在现世中寻索"[5]。

在巴陵会传教士对中国神话传说和异质宗教文化的诠释与

---

[1] Johann Adolf Kunze, *Liung wong, der Drachenkönig*, a.a.O., Vorwort, S. 2.
[2] Ebd.
[3] Ebd.
[4] Ebd.
[5] Ebd.

解读中，极易寻得泾渭分明的互斥与对立，如赞誉希腊神话是"文化世界共有的精神财富"，以其"美好的艺术形式"流传于世，并影响了歌德、席勒等文学大家的创作，"在基督教早已将这些古老宗教埋葬之后，依旧会对西方民众产生教益"[1]。而中国神话故事"出自二三流作家"，中国的民间宗教虽"衍生出神话故事"，但其宗教思想"没有为宗教想象余留真正的创作余地"[2]，这显然是在西方文化本位主义的视域下评价中国文化遗产的优劣。

儿童传教作品《在盘古庙》中，弗朗茨·胡恩采用第三人称的记叙视角，以对话形式，借中国村民之口道出"盘古开天辟地"的民间神话传说，由此引出基督教中"上帝创世"典故。胡恩将中国传说与基督教的两种"创世论"并置，向儿童读者抛出"人类起源说"的审美考问："从盘古的虱子幻化而成，或依照上帝的形貌而创，你们认为哪种更加美好？"盘古神话彰显的人本主义思想根基被弱化，盘古"神于天，圣于地"所显豁的中国传统文化"天人合一"思想精髓被隐匿和芟夷。

诚然如此，巴陵会在华传教后期，一些传教士已逐渐摆脱对中国异质文化的盲目贬斥与执意误读，认识到"德国时常对中国产生误解"[3]，故而一些传教士对中国传说故事的选择性解读与歧化未必是刻意为之，而是受到自身素养与环境的局限和影响。其实，

---

1 Johann Adolf Kunze, *Liung wong, der Drachenkönig*, a.a.O., S. 2.

2 Ebd.

3 Franz Huhn, *Im Tempel des Panggu*, Berlin, 1937, S. 4.

第三章 德国巴陵会传教士中国书写的叙事特征

巴陵会传教士大多出身"手工业阶层",通常"未接受完整的国民教育"[1],学养尚浅,缺乏对中国文化根脉的理解、感通和阐释能力,只能在"喻道功能"层面对"中国故事"进行皮相加工和机械的"叙事搬运","知其然而不知其所以然"的困境阻碍了传教士对中国文化内核和思想根基的感知与传达,诸如"盘古创世"这类寓意丰富的中国神话传说在实现"异化"与"西传"的同时,也成了传教文学训谕功能下的牺牲品,未能以全貌示西人。

此外,巴陵会在华传教重镇大多设立在中国乡村,接触对象多为耕夫布衣,他们虽长期浸淫于中国民间文化,但对自身文化的接受与认知往往来源于祖辈乡邻间的口耳相传,自然难免杂有误传。作品中亦不难看出中国故事的转述者多为淳朴乡民,对于传说的转述和诠释大多拘囿于与其生存息息相关的农业生产和农家生活,对于中国故事的理解与传播难以摆脱自身的身份限制和对应的阶层话语,这也在一定程度上影响了传教士的叙事格局与准确度。

概而观之,传教士对充满玄异志怪色彩的中国神话故事与民间传说的偏爱,一方面固然是因为故事情节本身奇情怪异、引人入胜,另一方面则源于传教士因其独特的社会角色而对中国本土宗教产生的强烈好奇心与更多的关注与思考。除上文提到的两篇中国传说故事外,戈特弗里德·恩特曼的《中国传说和童话》

---

[1] Lydia Gerber, *Von Voskamps „heidnischem Treiben" und Wilhelms „höherem China". Die Berichterstattung deutscher protestantischer Missionare aus dem deutschen Pachtgebiet Kiautschou 1898–1914*, a.a.O., S. 32.

(*Sagen und Märchen aus dem Reiche der Mitte*，1912）一书也是传教士借神话故事管窥中国人宗教思想与鬼神观的又一尝试，这部故事集包含19则关涉中国宗教、中国鬼神志怪的神话故事与民间传说，七仙女、牛郎织女、雷神"雷公"、东海龙王、"战神"关帝等耳熟能详的传说故事均包含其中。然而传说故事向来异文众多，单单"牛郎织女"和"雷公"传说既存在无数异文流传，恩特曼并未提及所译介和改写版本的确切来源，究竟是在原文基础上重述，抑或出自口头流传犹未可知。恩特曼将这些中国传说故事评价为"《一千零一夜》式的奇幻神话故事"[1]，是中国宗教"最重要的知识来源之一"[2]。故事题材呈现出传教士特定的选择倾向，诸如"人类和鬼神世界的产生""佛祖是如何来到中国的""老子""仁慈的观音"等故事无不凸显着传教士对中国原始宗教崇拜、本土宗教和鬼神观的积极探求，并在译介、征引与改写中有意或无意地包裹着宗教的等级观念，传教士眼中充溢着"迷信"形式与玄奥色彩的中国宗教被视为低等宗教形式，中国宗教的宗教性被简单否定，可以说，在巴陵会传教士对华宣教阶段，普遍的欧洲优越性思维早已后来居上，取代了早期耶稣会士审视中国宗教时的同等价值思想观。

不可否认的是，传教士对中国神话传说与民间故事的译介、改写甚或重写，早已由最初的基督教宣教的文学"副产品"逐渐发展成为具有汉学价值的译作和著述，在某种程度上传教士群体

---

[1] Gottfried Endemann, *Sagen und Märchen aus dem Reiche der Mitte*, Berlin, 1912, S. 23.
[2] Ebd.

亦有"业余汉学家"之称,个别传教士更是实现了从"业余汉学家"向专业汉学家的转变,对中西文学交流有首倡之功。中国故事的陌生化特征为传教士提供了多元的阐释空间,为其灌注特定异质元素增加了可能性,中国故事在实现西传的过程中难免出现故事性与文学审美性让位于特定叙事目的与宣教功能的情况,这也是传教士作者尝试顺应历史语境下的文学形式,借异土神话故事实现宗教训谕与娱乐的双重目的,同时极力满足西方读者对东方神秘异质的猎奇心理。值得肯定的是,中西文化交流的魅力与价值不仅在于"求同",更在于"存异",中国文学文本在传教士笔下产生的舛误与误解正是中国文化与异质文化之间经历碰撞、交融与共生的产物,也是值得跨文化研究者关注与思考的焦点,为中西双方提供互视与彼此理解的重要窗口。

第三节 互文与误读:假意趋附或经典复现

互文性是巴陵会传教士中国书写的叙事策略之一。受中国文化、文学与经典古籍影响,巴陵会传教士在一些作品中逐步融入中国文学的叙事元素和审美特征,如诗歌的译介、古籍训语的征引等,以中国传统文化丰盈本我文化,实现了中国文学的"西传"和中西文化的互鉴与融通。正如费正清所言:"传教士逐渐对中国文化传统表现出欣赏并受其影响,他们试图在中国文化中扮演学者角色以影响和改造这种文化。他们发觉自己在双向通道上忙碌，在将中国形象传递给西方之余，亦帮助中国人构建对外部世界的认识。"[1]

在巴陵会来华传教士笔下，中国人淫祀百神、祭拜祖先的"迷信做派"向所多论，但依然有些传教士并未对中国民间礼俗直接加以批驳，而是追本溯源，通过对中国典籍的考察，揭橥中国民间信仰与礼俗文化的生发。诸如在中国华南与山东地区传教多年的和士谦对中国古典文化便颇有研究，其著述中不乏对中国经典古籍的引述与阐发。他赞誉《诗经》是"蕴含创作艺术的珍珠"[2]，提出可从《诗经》中寻索中国民间信仰的发端源头。传教手册中，文本的互文对象则主要为中国儒家典籍。和士谦赞誉孔子"言论紧凑凝练、语言和谐优美、思想简单质朴"[3]，在撰文中时常从儒家典籍和训语摘章引句。如在《龙旗之下与十字架标志》中，他提出儒家学说的诸多义理与耶稣救主的话语道理相近，尝试在著述中构建两者的互动关系，实现经籍间的会通。和氏以孔子"己所不欲勿施于人"为例，认为此句同《马太福音》第7章12节主张的道理并无二致："所以，无论何事，你们愿意人怎样待你们，你们也要怎样待人，因为这就是律法和先知的道理。"在描述中国敬神拜偶的习俗中，和氏亦多次用"子不语怪

---

[1] 吴梓明、陶飞亚：《晚清传教士对中国文化的研究》，《文史哲》，1997年第2期，第58页。

[2] Carl Johannes Voskamp, *Confucius und das heutige China*, Berlin, 1902, S. 8.

[3] Carl Johannes Voskamp, *Unter dem Banner des Drachen und im Zeichen des Kreuzes*, a.a.O., S. 71.

力乱神"反驳民众的拜神行为。[1]

在《在死亡的阴影下》中,和士谦详细描绘了中国富裕人家的丧葬过程,细致呈现了丧葬习俗所辐射的中国社会生态和家庭伦理观。为避免连篇累牍的丧葬习俗描绘过于"单调枯燥",和氏在描述中征引了陶渊明的三首《拟挽歌辞》(其一、其二、其三)[2],其二的译文曾在1908年首发于传教杂志《传教与牧师》[3]上。他评价陶渊明的诗歌"极具吸引力和独特性,直观真切地抒发出亡者的感受"[4]。不难看出和士谦对自己的翻译相当满意,"这几首鲜为人知的诗歌的翻译是相当准确的,并且一些诗句是逐字紧随文本的"。[5] 为方便德国读者理解,和氏将诗歌类型介绍为"十四行诗"。形式上,《拟挽歌辞》(其一)和《拟挽歌辞》(其二)均按照十四行诗的形式排列,即将陶氏诗歌拆分为四个段落,分别按照四行、四行、三行、三行的规制编排。《拟挽歌辞》

---

1 Carl Johannes Voskamp, *Im Schatten des Todes*, Berlin, 1925, S. 5; Carl Johannes Voskamp, *Confucius und das heutige China*, a.a.O., S. 13.

2 (其一)有生必有死,早终非命促。昨暮同为人,今旦在鬼录。魂气散何之,枯形寄空木。娇儿索父啼,良友抚我哭。得失不复知,是非安能觉?千秋万岁后,谁知荣与辱?但恨在世时,饮酒不得足。(其二)昔在无酒饮,今但湛空觞。春醪生浮蚁,何时更能尝?肴案盈我前,亲旧哭我傍。欲语口无音,欲视眼无光。昔在高堂寝,今宿荒草乡。荒草无人眠,极视正茫茫。一朝出门去,归来良未央。(其三)荒草何茫茫,白杨亦萧萧。严霜九月中,送我出远郊。四面无人居,高坟正嶣峣。马为仰天鸣,风为自萧条。幽室一已闭,千年不复朝。千年不复朝,贤达无奈何。向来相送人,各自还其家。亲戚或余悲,他人亦已歌。死去何所道,托体同山阿。

3 Carl Johannes Voskamp, „Todesgrauen und Lebenssehnsucht des Chinesen", in Martin Wilde (Hrsg.), *Mission und Pfarramt*, 1 Jahrgang, Berlin, 1908, S. 115.

4 Carl Johannes Voskamp, *Im Schatten des Todes*, a.a.O., S. 19.

5 Ebd.

(其三)因行数多于十四行，则按照类似莎士比亚十四行诗的格式排列，将诗歌拆分为五个段落，排列为四行、四行、四行、四行和两行。三首诗歌的格律亦与十四行诗一致，每行诗句11个音节，采用抑扬格，韵式多采用抱韵（abba）和叠韵（aa）。但正因偏重于追求诗歌形式与格律的审美特征，和士谦的翻译存在诗歌意涵让位于诗歌形式的情况。如其二中，为追求韵脚工整，"亲旧哭我傍"被译为"亲旧俯身傍"（Verwandte sich und Freunde zu mir neigen.），隐去了亲戚友人为死者悲伤泣泪的情形，弱化了祭奠时的悲戚苍凉之感；"欲视眼无光"被译作"欲视眼骗我"（Will Sehn-mit Nacht die Augen mich betrügen!），其含义更是与原句相去甚远。其三中，"高坟正嶕峣"被置于"马为仰天鸣，风为自萧条"之后，"马为仰天鸣"被译作"马为远嘶鸣"（Ich hör ein Ross ganz ferne wiehern traurig.），削弱了送葬的幽凄意境；"贤达无奈何"译作"贤达无自由"（Kann selbst der Weise Freiheit nicht erlangen!），即将极具东方话语特色的、意蕴旷达深远的"奈何"替换为颇具西方意识形态色彩的"自由"。

然值得肯定的是，和士谦对陶渊明诗歌的翻译在很大程度上正确还原和再现了诗歌原意，虽然原诗的意境与韵味有所损失，但内容上足以让德国读者感受到原诗的主旨和魅力，体会陶渊明意欲透过诗歌表达的旷达与哀伤（亦有学者将诗歌解读为诗人对其时流行的消极生死观的消解），并通过诗歌这一浪漫文体了解到中国丧葬习俗的完整过程。

传教士对中国篇章典籍的征引并不全然意味着对儒家思想的

肯定与接受。传教士此举一方面只为契合传教利益，起到"以彼之矛攻彼之盾"的效用；另一方面意欲借助儒家学说的影响力，削弱中国民众的防御和抵触心理，顺利引入基督教教义，如来施那在《狗垒》中记述的，传教士面对中国民众的敌意和拒斥，试以"见贤思齐"说服和安抚众人：

> 幸福与恩赐都是来自上帝，他创造了天与地，人类和世间万物。就像国家中只有一个国王，天上只有一个太阳一样，天上地下也只有一个真神……这也是尧帝和舜帝所敬拜的神……亲爱的朋友们，不要这样去咒骂，也不要轻蔑地嘲笑，而要去重视，就像你们伟大的智者所言：见贤思齐。如果你们遵从这位大师的话，你们很快就会发现，这是一个好的教义。[1]

"见贤思齐"的原句为"见贤思齐焉，见不贤而内自省也"，出自《论语·里仁》，意为见到贤人就应该与之看齐，见到缺少德行之人就应该自我反省和审视，是孔子就道德修养提出的精妙见解。在上述引文中，来施那试图将上帝比作孔子语境下的"贤者"，呼吁民众"重视"上帝、关注和学习基督教教义，且在无意中褪去了基督教的神性外衣。

此外，巴陵会传教手册中，传教士对中国典章古籍的征引亦

---

[1] Wilhelm Leuschner, *Keu-loi. Ein Bild chinesischen Volks- und Familienlebens*, a.a.O., S. 25.

难以避免地呈现出文化误读。如《中国的生命与死亡图景》中，来施那就中国当时遗弃女婴的社会现象，援引孔子《论语》中的"生死有命"与基督教相关教义对举，以表现基督教与儒学的契合之处以及陋俗与中西方宗教文化的双重抵牾：

> 我走进低矮的房子，受到了最友善的接待。居住者是基督徒。年轻母亲怀里抱着新出生的女儿。父亲接过女儿，对孩子讲话，眼里闪着明亮的光。仅仅三年前，当听说生了女孩，父母两人都在发抖。就在这个时候，男人听到了福音，认识到女孩的灵魂和男孩的一样珍贵。救主将一个女孩从死里复活。上帝的话语也让男人理解了贤人的话。孔子说，生死有命——生与死由上天决定。如果是这样的话，那么把刚出生的女婴送人亦无济于事。她是应上帝的命令到来，是上帝派她到我们家。感谢上帝，他可以为自己可爱的小女儿感到高兴，拥抱和亲吻她。妻子也很幸福。只是过去的回忆还时不时地破坏他们的幸福信念。如果主永远不给他们一个儿子，母亲说："那么我就收养一个亲戚家的可怜男孩吧。"[1]

"生死有命"出自《论语·颜渊》，意为生与死皆有命数，人们自身并不能决定和操控。在上述引文中，来施那将"生死有命"解释为"生与死由上天决定"，可见来氏大体上理解了孔子

---

[1] Wilhelm Leuschner, *Keu-loi. Ein Bild chinesischen Volks- und Familienlebens*, a.a.O., S. 25.

"生死有命"的本源意涵。然而若将该解释措置于引文语境中整体考察，会发现来氏对"生死有命"的解读亦存在一定程度的文化误读，其话语中的"天"实为基督教中的"上帝"和"主"。子女是"应上帝的命令"来到父母身边，即便"将刚出生的女婴送人亦无济于事"，此番诠释表明来氏话语体系下的"生死有命"亦包含上帝对后代性别的决定权，不会因民间的求子习俗而发生改变，并借此凸显基督教为基督徒带来的思想转变，以及对中国生育崇拜下的社会陋俗的革新作用。

在这部作品中，来施那号召众人搭救路上濒临死去的老者，众人拒绝，传教士反问民众："你们难道不是孔子的信徒吗？你们伟大的贤者不是教过你们'救人一命胜造七级浮屠'吗？"众人答曰："如果孔子还活着，路过此地，他也会让老人继续躺在那儿。"[1] 毫无疑问，来氏的场景塑造和对话问答是用以突出中国民众的冷漠麻木，对待弱者没有怜悯之心，同时也欲表现中国民众虽历来受到儒家学说影响，但思想内化程度不深，暗示新教福音的传入拥有更多可能性和空间。然而，"救人一命胜造七级浮屠"并非出自孔子，而是佛教与民间信仰相结合的产物[2]，可见传教士对中国典籍的征引常会出现偏差与舛误，这样的偏误也会随

---

[1] Wilhelm Leuschner, *Keu-loi. Ein Bild chinesischen Volks- und Familienlebens*, a.a.O., S. 4.
[2] "救人一命胜造七级浮屠"并非佛经原文，最早出现在明朝释宗本撰写的佛教专著《归元直指集》中，称"救人一命，胜造七级浮图"为中国本土谚语。参见净因：《"七级浮屠"考》，《佛教文化研究》，2015年第2期，第353页。与此谚语含义相近的原文可查考佛教大正藏经集《佛说骂意经》："佛云：'作百佛寺。不如活一人。活十方天下文。不如守意一日。人得好意，其福难量。'"

着文本的传播而散布西方。

综之,巴陵会传教士对儒家典籍的征引虽大多是借儒家经典话语为基督教教义增添注脚,但也在一定程度上展现了传教士的文化融合倾向,对于异邦文化不再以非此即彼的二分法观之。在人类学话语中,"相异性被约化为某种熟悉的形式加以把握"[1],即人们对陌生事物的建构依循一定的熟悉模式。传教士对中国典籍经文的征引,一方面可视作寻求中西方文化可兼容性的努力,另一方面是其对他者文化吸收与理解的尝试,是其尝试文化调适的佐证。随着巴陵会传教士入华时间的累积,对中国文化的了解日渐加深,通过对传教手段和成果的考量与反思,传教士逐渐意识到,基督教教义的扬播并不能通过向中国民众的礼俗文化发起挑战来实现。和士谦曾言:

> 我和我的同僚昆祚都愈发意识到,我们并不是被派来摧毁那些被"异教徒"视作珍贵和有价值的东西……当上帝的知识之光在人的灵魂中面对耶稣基督升起时,古老的偶像崇拜就消失了,就像早晨醒来的梦一样。[2]

随着入华时间渐长,巴陵会传教士亦在其文字创作中逐渐融

---

[1] 奈杰尔·拉波特、乔安娜·奥弗林:《社会文化人类学的关键概念》,第10页。

[2] Lydia Gerber, *Von Voskamps „heidnischem Treiben" und Wilhelms „höherem China". Die Berichterstattung deutscher protestantischer Missionare aus dem deutschen Pachtgebiet Kiautschou 1898–1914*, a.a.O., S. 254.

入中国文学的叙事元素和审美特征,如诗歌的译介、古籍训语的征引等,传教士的译笔令《诗经》、古诗等中国经典文学文本得以在西方传衍,虽在很大程度上欲借思想内核相通的中国典籍为基督教教义增添脚注,但也透露出传教士自身文化中心主义的松动,展现出无意识的文化融合倾向。此外,传教士对中国篇章古籍的译介与阐释融合了自身的意识形态与文化态度,因而在落地西方的过程中难免夹有偏差与误读,但依旧不能否认传教士在文化传播中的重要贡献,其舛误的文本诠释方式亦参与编织了中国典籍在西方的文化图像,实现了文化输出的功用。

第四章

德国巴陵会传教士对中国信仰的书写

在虔敬主义者看来，不论是1848年欧洲革命、1871年德意志帝国成立，抑或是第一次世界大战爆发、民族社会主义抬头与苏联共产主义萌芽，这些历史变革都是"基督再临"建立"神圣新秩序"的表达和信号。每一次内部秩序的搅动都动摇和刺激着虔敬主义者，使其更加激奋地追求"上帝的国度"的实现。此外，自达尔文主义在欧洲社会实现科学摆脱神学的意识形态革命，基督教的神圣性愈加向世俗性滑落。社会变革频发、基督教权威的衰落以及民众信仰的危机，无不促使虔敬主义者迫切寻求消解危机的有效途径。"将上帝的话语布道给所有异教徒"被虔敬主义人士视作"基督再临"最为重要的前提条件之一[1]，也是巴陵会在华传教士努力完成的首要使命。萨义德强调，东方主义通过建构虚构的他者作为对照物，实现自身不同时期的欲望，或解决相应危机，揭示西方基督教通过充满陈词滥调的、宣言性的、不容置喙的否定陈述，对宗教他者施加的话语霸权，进而传递和突出西方的强势权力与基督教的优越

1　Hartmut Lehmann, „Die neue Lage", a.a.O., S. 9.

性。英国学者艾勒克·博埃默在其著作中切中肯綮地指出了东方主义话语与意识形态之间的典型关系："殖民主义的表述语言常常将任何征服事件说成是入侵者之强大和被征服者之劣等的表征。"[1]在传教士眼中，中国本土宗教与民间信仰不仅是基督教争取信徒道路上的"竞争者"，也是导致传教阻滞、造成中国民众长久以来智识未开，"不识真神"的主要缘由。纵观巴陵会传教手册对中国信仰的载述，龙神崇拜、儒家伦理和佛家义理是传教士着墨最多的信仰他者。

第一节　龙神崇拜：神异图腾的祛魅化书写

龙与十字架分别是中国文化与基督教文化的典型象征物，亦是常见于传教士宗教叙事的符号内容。英国著名福音派神学家麦格拉思（Alister Edgar McGrath）在《基督教概论》一书中表示："可以公正地说，在基督教中没有哪一个符号能像十字架那样承载着如此厚重、权威和公认的意义。"[2]和士谦认为，让中国福音化是一场"为耶稣基督征服世界""关乎生死"的信仰斗争，龙旗与十字架便是两方的战旗：龙旗是清朝的国旗[3]，在传教士眼中

1　艾勒克·博埃默：《殖民与后殖民文学》，第91页。
2　阿利斯特·埃德加·麦格拉思：《基督教概论》，第391页。
3　和士谦述及的黄龙旗为1888至1912年的晚清龙旗。

其样式呈现为"黄底蓝龙，一条似蛇似鳄鱼的怪物"[1]；十字架则在基督教圣歌中被比作"伟大胜利者队伍前的旌旗"[2]。在这场信仰争夺战中，传教士和中国呈现你攻我守的对战关系，"中国犹如一座'异教'的堡垒般伫立着，巨幅龙旗从堡垒的城墙边飘过"[3]，传教士则化身为高举十字架旌旗的先锋斗士，意欲用"基督教纯洁的道德训谕"取代中国"愚蠢的偶像崇拜"和"可笑的异教迷信"[4]。

在早期基督教思想中，龙寓意反基督教和"异教"。《圣经》中，龙是魔鬼撒旦的化身，暗喻邪恶、暴力和战争。《启示录》第12章所讲述的便是米迦勒同其使者与龙争战，最终获胜的故事："天上又现出异象来：有一条大红龙，七头十角，七头上戴着七个冠冕……大龙就是那古蛇，名叫魔鬼，又叫撒旦，是迷惑普天下的。它被摔在地上，它的使者也一同被摔下去。"[5]事实上，尽管《圣经》中有以上关于龙的载述，但西方龙与中国龙迥非同种象征物。中国龙实为图腾，是多元融合的产物，乃"许多不同的图腾糅合成的一种综合体"[6]，是一种虚构的、以蛇为主干和基调的化合式图腾。龙最初作为中国最古老的民族单元"夏"的民

---

1 Carl Johannes Voskamp, *Unter dem Banner des Drachen und im Zeichen des Kreuzes*, a.a.O., S. 10.

2 阿利斯特·埃德加·麦格拉思：《基督教概论》，第393页。

3 Carl Johannes Voskamp, *Unter dem Banner des Drachen und im Zeichen des Kreuzes*, a.a.O., S. 9f.

4 Ebd., S. 9.

5 《圣经·启示录》第12章3—9节。

6 闻一多：《神话与诗》，上海人民出版社，2005年，第20页。

族图腾[1],早已从原初的制度与信仰功能,发展成整个华夏民族的文化核心,潜隐为一种精神象征、文化标识和情感纽带,寓意神圣、福瑞、吉祥和力量,在民间传说中亦有降福呈祥、兴云布雨的神性。之后,龙逐渐发展为社会权力的化身,是彰显"帝德"的象征物。在民国成立、帝制消亡之前,历朝帝王皆被视作真龙天子,龙为其灵瑞符应,成为广见于宫室舆服的装饰母题。

概言之,中西方龙虽皆为类蛇形态,然而不论外在形貌和文化肇端,抑或所表征的文化意涵,皆表明两者并非指涉同一种龙。在巴陵会传教士来华之前,已有耶稣会士对二龙加以区分并提出质疑,如艾儒略早在明末刊刻的《口铎日抄》中既言明中国龙自成一格,不能与西方龙混同:"中邦之言龙也……敝邦向无斯说,故不敢妄对耳。"[2]然而,在耶稣会士和新教传教士编撰中外文词典、传译中文版《圣经》的过程中,中国龙与西方龙皆被混用,西方龙所携带的邪恶意涵亦如影随形。尤其是德国耶稣会士基歇尔(Athanasius Kircher)撰就的《中国图说》(*China Illustrata*,1667),将中西龙描绘得极为相似。该书在17、18世纪的欧洲堪称"真正的畅销书",译本众多,"强烈影响了许多讨论中国的欧语书籍"[3],进一步扩大了讹谬的中国龙印象的传衍范围。

---

1 闻一多:《神话与诗》,第60页。
2 转引自李奭学:《中国"龙"如何变成英国的"dragon"》,《读书》,2007年第5期,第59页。
3 同上,第63—64页。

第四章 德国巴陵会传教士对中国信仰的书写

事实上，中国龙的错误印象虽大体上是前辈传教士舛误的传译造成的，回到对巴陵会传教士的观照，大多数传教士入华数载至数十载，必定了解中国龙是吉祥和权威的象征。然而，传教士坚持不加考究直接沿用龙的负面意涵，更多是因为"邪恶的中国龙"高度符合西方读者对黑暗的"异教"之邦的刻板想象，将神秘化的龙引至基督教的对立面，亦便于对中国进行妖魔化书写，这清晰地透露出传教士唯"耶"独尊的信仰侵略性，及其欲借基督教现代性所自封的"新生力量"与代表中国的龙旗拼刺相斫的意图。

在巴陵会刊行的传教杂志《龙与十字架》（*Drache und Kreuz*，1908—1914？[1]）的导言中，杂志编辑路德维希·维歇特（Ludwig Weichert）将中国的图腾龙论述为"一条大蛇""具有神话色彩的巨兽"[2]"撒旦的象征"和"地狱的恶龙"[3]，中国民众沦为受龙辖制的受害者，困囿其中，遭其引诱、欺骗直至毁灭：

> 龙是撒旦的象征，但奇怪的是，龙也是世上最为庞大的"异教"民族的图腾。近四分之一的人类生活在龙旗之下。龙统治着中国这个"异教"国度。傲慢和自以为是是"异教徒"的堡垒。也许世上再没有像中国这样的民族能够如此傲

---

[1] 因部分材料丢失，德国巴陵会图书馆目前无法确定该杂志的准确结刊时间，故此处加注问号。
[2] Ludwig Weichert, „Geleitswort", in Ders. (Hrsg.): *Drache und Kreuz*, Berlin, 1908, S. 1-4, hier S. 1.
[3] Ebd.

慢，如此沉浸在自我的美德与伟大之中。迷信和畏惧鬼神是龙用以辖制仆人的锁链。"异教"的谎言、"异教"的暴虐、"异教"的仇恨和"异教"的狂热正在世界各地盛行。龙相信，人们普遍吸食鸦片就能实现它最后的目的——将伟大的民族屠戮殆尽。因为它从一开始就是刽子手。[1]

而传教士的"传教攻坚战"则是受上帝呼召的、神圣的"屠龙之战"[2]，被视为拯救中国的力量。昆祚撰写的《龙王》前言中，时任巴陵会监督的格鲁尔表示，龙"对于我们来说是邪恶的集合体，是将整个世界引向歧路的那条古远的蛇"[3]。格鲁尔认为，将龙作为"供奉和祈福的神"的中国人渴望被龙"救赎"，然而只有当中国龙被视作"真真正正的童话"，认识到"唯一的真理"——上帝时，中国人才会获得真正意义上的"救赎"和"重获新生"。[4]

在《龙旗之下与十字架标志》中，和士谦由表及里地论述了龙这一神秘象征物对中国民众日常生活、思想与宗教信仰的影响。一方面，传教士笔下的中国龙是彰显中式艺术审美特性的装饰图腾，广见于平民与皇族贵胄的衣食住行，渗透在中国民间习俗与节庆之中：

---

[1] Ludwig Weichert, „Geleitswort", a.a.O., S. 3.
[2] Ebd., S. 4.
[3] Johann Adolf Kunze, *Liung wong, der Drachenkönig*, a.a.O., Vorwort, S. 4.
[4] Ebd.

第四章 德国巴陵会传教士对中国信仰的书写

人们可以在庙宇和祖先祠堂的弧形屋顶和铜器上看到龙,展现出极强的艺术美感,或作为钱币和瓷器的装饰,或用鲜艳的色彩绣在丝绸上,又或是用于点缀高官的官袍和皇帝的黄色龙袍。到处都是龙的图案。城市、集市、乡村、桥梁和街道皆以龙命名,寺庙也被冠以"龙母"(庙名,译者按)的称呼。在壮观的游神仪式(Götzenzug)[1]中,近乎一望无际的游行队伍在东亚城市的狭窄街道缓慢地蜿蜒穿行,如一个辉煌的杰作般……一条50至80英尺长的巨龙,其鳞片状的身体以蛇形的姿态高低起伏、蜿蜒前进。……与此同时,刺耳的弦乐器发出震耳欲聋的噪声,被音调尖刺的竹笛和喧杂的锣鼓声环绕,被无止境的爆竹声和挥散不去的硝烟遮隐。[2]

另一方面,在引文后半部分,和士谦对中国民间游龙活动的鄙夷与厌恶是毫不掩饰的。在其笔下,游龙活动是一种充斥着偶像崇拜色彩的"游神仪式",受人民祈愿、降福呈祥的中国龙不再是自然权力的化身,而是褪去神异的色彩,沦为传教士眼

---

[1] 和士谦述及的民俗活动或为我国福建西部连城县姑田镇的"游大龙",该活动始兴于明代,旨在祈保风调雨顺、五谷丰登,增强传统文化认同感与宗族间的交流与互动。游龙过程场面壮观,锣鼓喧天、铳炮齐鸣。但其中有两点存疑:其一,活动中的"大龙"实际远长于和氏口中的80英尺(约24米),而是几百米长;其二,和氏的教区为广东和山东两地,而非福建。故推测有关该活动的描述或其本人游及当地,抑或道听途说而得。

[2] Carl Johannes Voskamp, *Unter dem Banner des Drachen und im Zeichen des Kreuzes*, a.a.O., S. 10f.

119

中"地狱的野兽"[1]、一个"品位较差"[2]的图腾。与此同时，和士谦也论及龙与中国皇帝之间的象征关系，即皇帝被称为"龙的化身"，并以此衍生出"龙椅""龙床"，皇帝的"龙眼""龙须"等称呼，皇帝去世亦被称作"乘龙升天"（"皇帝骑在龙身上，以便完成遥远的旅程"[3]）。

如前文所述，在基督教文化中，龙是撒旦、邪恶和"异教"的同义语，故在传教士撰述的诸多作品中惯于将中国人对龙的尊崇敬畏贬斥为迷信崇拜，以龙为核心的风水文化自然不可避免地成为传教士激烈论批的对象。在中国风水文化中，龙代表着山川地脉的起伏与走向，但在传教士的相关阐释中，中国龙被化育为一个任由轻率批驳的恐怖意象，风水文化更沦为"幻象和异端邪说，是精神生活和健康文化发展的桎梏"[4]。传教监督格鲁尔将"风水学"评价为"整个就是一种迷信"，"就是一种关涉居住地的选择，下葬之地尤其需要与地龙相匹配"[5]，"在地上，土地神就是一条龙的形态，它同许多东边的龙分割开来，倘若居于龙背或地龙的龙爪之间便会带来好运"[6]。格鲁尔一方面承认中国人取得的文化成就，盛赞中国是"富有天赋和才能的民族"[7]；另一方

---

1 Carl Johannes Voskamp, *Unter dem Banner des Drachen und im Zeichen des Kreuzes*, a.a.O., S. 11.
2 Ebd.
3 Ebd.
4 Helle Jörgensen, „Zum wechselvollen Verhältnis von Mission und Politik: Die Berliner Missionsgesellschaft in Guangdong", a.a.O., S. 191.
5 Johann Adolf Kunze, *Liung wong, der Drachenkönig*, a.a.O., Vorwort, S. 3.
6 Ebd.
7 Ebd.

面却毫不掩饰对中国人信仰的鄙夷，讥刺中国人深受龙的缚控、"依赖龙"，"凡事或多或少都能看到诡异的龙图指引着事情的发生"，对自然力的崇拜和"过度神化"使其困守于"异教文化"，无法窥得"世界之真貌"。他如是评述中国民间信仰：

> 中国的宗教教义建立在对于现实最为表面的，时常干脆就是幼稚的观察之上，对于自然界中真正的关联一无所知。但这种教义是一种封闭的思想系统。这是他们的不幸，上千年来这个民族固守在一个早已被赶超的精神发展阶段，不允许任何形式的进步。我们所有人都是被召集起来统治自然的，而不信奉基督教的中国人坚持以一种迷信的方式依赖自然。[1]

萨义德强调，在东方主义话语中，东方隐指危险，理性为东方的偏激和过度所削弱，东方具有神秘吸引力的东西与西方自认为正常的价值相左。[2]在巴陵会传教手册中，传教士化身为"大权在握的创造者"，"激活并建构自己熟悉的边界之外的另一个地域"[3]，包括龙神崇拜在内的民间信仰与图腾崇拜被表述为是与基督教对立的、不完整的、有缺陷的信仰他者。事实上，传教士意欲批驳的对象实为龙神崇拜背后中国民众精神信仰中对自然

---

[1] Johann Adolf Kunze, *Liung wong, der Drachenkönig*, a.a.O., Vorwort, S. 3.

[2] 爱德华·瓦迪厄·萨义德：《东方学》，第74页。

[3] 同上。

力的"过度神化",这阻碍了基督教现代性用其自封的"新生力量"对中国"异教"民众施以精神洗礼与信仰归化。

第二节 儒家伦理:"和平使者"筑起的精神城墙

为更好地开展教务工作,派遣来华的传教士抵达中国后,往往会聘请中国先生精进中文知识。在中文学习过程中,传教士使用的经学教材以四书五经为主,以《论语》《孟子》居多[1],这在很大程度上促成了传教士与儒家学说的接触,或许只是荦荦大端,但也助益了传教士对儒学的认知与体悟。儒家义理与基督教教义存在诸多并行不悖之处,如儒家与基督教皆关注人的道德发展及其对社会秩序的稳定作用[2],何必力也表示,"倘若儒家的道德义理与基督教不冲突,儒家学说是值得尊重的"[3]。故此,在巴陵会来华传教士撰写的传教手册中,可寻见一些传教士在向中国人推行基督教理时尝试从儒家典籍中摘章引句,作为传教士话语正确性的佐证和支撑,提高受众对基督教教义的接受和认肯。

---

[1] 宋莉华:《传教士汉文小说研究》,上海古籍出版社,2010年,第201页。

[2] 费乐仁:《现代中国文化中基督教与道教的相遇、论辩、相互探索》,罗秉祥、赵敦华主编:《基督教与近代中西文化》,北京大学出版社,2000年,第399页。

[3] Helle Jörgensen, „Zum wechselvollen Verhältnis von Mission und Politik: Die Berliner Missionsgesellschaft in Guangdong", a.a.O., S. 191.

第四章　德国巴陵会传教士对中国信仰的书写

诚然，相较于儒学与基督教教义的相通之处，巴陵会传教士更加关注儒耶两者间的显性差异。孔子认为人性本善，推崇自我修行、自我完善，以达成至善、至仁、至圣、至德的理想人格，亦即追求自我完善与救赎。而基督教认为，人有原罪，亦即人性本恶，否定人的自我完善能力，强调人需要通过信仰上帝来获得必要的救赎。相较于基督教的神本主义思想内核，儒学强调和规约的对象为世俗社会的人际关系，着眼于现世与现实，讳谈神明的世界，其"子不语怪力乱神""未知生焉知死""天道远、人道迩"等言论都确证了这一点。可见，儒耶两者的思想体系本质上存在诸多抵牾，在传教手册中，传教士对孔子和儒学伦理的论评亦是褒贬混杂，贬抑多于褒扬。

德国著名汉学家、新教传教士花之安将儒教评价为"理解中国和中国人的钥匙"[1]。在巴陵会传教手册中，亦有传教士尝试对儒家伦理征引探源。譬如在收录于《传教知识文集》[2]的《孔子与现今中国》(*Confucius und das heutige China*, 1902)[3]一文中，和士谦将孔子介绍为中国思想文化领域的"无冕之王"、中国民众心中的"半神"[4]，简要爬梳儒家伦理在中国的嚆矢与发展，从孔

---

[1] 转引自陶飞亚、刘天路：《基督教会与近代山东社会》，第270页。

[2] 《传教知识文集》始发行于1902年，历五年而辍，共发行14册。这套传教文集主要刊载有关通俗科学的论文和演讲稿，内容围绕德国新教海外教务的开展，重点面向受过教育的读者群体。该期刊仅一部作品出自中国传教区，故在正文中并未过多赘述。

[3] 该文章为和士谦1900年为"青岛殖民协会"（Qingdaoer Kolonialverein）发表的演讲，于1902年收录于《传教知识文集》出版。

[4] Carl Johannes Voskamp, *Unter dem Banner des Drachen und im Zeichen des Kreuzes*, a.a.O., S. 71.

123

子诞生之际中国的政治景观，再到孔子周游列国，"以神妙的精辟形式阐述其见解"，"创立伟大的治国原则"，达致"中国思想精神发展的顶峰"[1]，四处寻求愿意接受其理念的君王，承诺"施其义理为政，必霸东亚"[2]。和士谦评价儒家义理是实用而守定的，它使中国经受住上千年的文化考验并留存至今，构筑中国民众的深层文化自信，赞誉孔子是"纯洁、无私、威严、公正、阳刚和仁慈的"，"为时人和后世人树立伟大榜样"[3]。

此外，和士谦对孔子的鬼神观加以考察。孔子其人反对迷信，提倡"事鬼敬神而远之"，其唯一论及的"超自然"力量即是"天"（Himmel），"天""凌驾于一种不可知的命运之上"。从这点上来看，和氏认为孔子并非"不可知论者"[4]，由此推论中国历朝皇帝祭天的礼俗即是源于孔子。可见，传教士因其特定的期待视域，将儒学中的"天"作为关键性的神学概念加以考察，事实上，儒学中所言之"天"更多意指自然或者命运，抑或一种非人格化的"理"，所蕴含的神性含义较弱。

作者称孔子为"和平使者"，叹其"语言以雷击的力量冲击

---

[1] Carl Johannes Voskamp, *Confucius und das heutige China*, a.a.O., S. 5.

[2] Ebd., S. 4.

[3] Carl Johannes Voskamp, *Unter dem Banner des Drachen und im Zeichen des Kreuzes*, a.a.O., S. 72.

[4] 不可知论者认为，尽管可以假设存在一个或多个神明的超自然力，但原则上无法被认可或合理化。当被问及是否有上帝时，不可知论者会回答"我不知道""这说不清"，或是"这无法回答"。但不可知论者并不排除信仰神明的可能性。Vgl. (Verfasser unbekannt) „Heide- und andere Auffassungen zu Gott und Glaube", *Lexikon zum Kirchentag*, https://www.mdr.de/kirchentag/artikel122392.html, Abrufdatum: 06. Oktober, 2020.

着读者的情绪"[1]，赞其理念能"带来和平与宁静的时代"，"为国家和民众带来高度的平等与博爱"[2]，但却遭遇了"愚妄、顽腐、拒斥和公开的敌意"[3]。"一个野蛮而尚武的年代，邻里执刀相向，手臂的力量远比智慧来得有用"[4]，各国统治者只关心如何备战，对治国之道并无兴趣。这与基督教在17、18世纪虔敬主义兴起前所面临的信仰困境如出一辙，战争与社会变革频发使欧洲深陷信仰危机和道德沦失的渊薮，中欧地区虔敬派教徒的生活境况愈发困窘，基督教的意义愈发微弱，致使虔敬派教徒的注意力在一定程度上转向了世界范围的传教工作。[5]至19、20世纪，伴随着世界格局的持续动荡与现代性的勃兴，原本基督教形成的社会凝聚力走向松散，基督教成为一种"绝望和存在危机的宗教"，"基督教不再作为生活的宗教指导与准则，而是作为获得和激化萦回不散的危机意识的一种手段"。[6]和士谦对儒家伦理的思考映射了传教士对于"自己社会内部的他者想象"[7]，对孔子"必霸东亚"治国热忱的征引，呼应了巴陵会在中国、日本和韩国的传教布局，暗射以新的宗教意识形态称霸东亚三国的信仰野心。和士谦正是用孔子的遭际套解基督宗教在欧洲，以及作为福音传播者的

---

[1] Carl Johannes Voskamp, *Confucius und das heutige China*, a.a.O., S. 9.

[2] Ebd., S. 4.

[3] Ebd.

[4] Ebd.

[5] Hartmut Lehmann, „Die neue Lage", a.a.O., S. 9.

[6] 马泰·卡林内斯库：《现代性的五副面孔——现代主义、先锋派、颓废、媚俗艺术、后现代主义》，顾爱彬、李瑞华译，商务印书馆，2002年，第60页。

[7] 奈杰尔·拉波特、乔安娜·奥弗林：《社会文化人类学的关键概念》，第11页。

德国传教士在华遭遇的相似困局。

巴陵会是伴随着鸦片战争的坚船利炮进入中国的传教团体,尽管差会极力回避与西方政治势力之间直接或间接的关联,但因受列强势力和条约庇护,包括巴陵会在内的新教传教团体大多不像传教前辈耶稣会士那般,尝试用"以耶补儒""以耶合儒"等"温和"传教政策对华实施基督教的渗透,而是转向"强硬"地持守基督教教义的纯洁性。故而即便偶有传教士试图挖掘儒学与基督教教义的相通之处,后者亦鲜明地呈现出矮化和压制前者的倾向,显现出具有帝国意识形态特征的隐性书写范式——将自我置于他者之上,以实现虚化和消解他者,强化自我的目的。[1] 在和士谦另一著作《龙旗之下与十字架标志》中,和氏援引一位中国基督徒的观点来论说基督教与儒学的差异:

> 耶稣基督的指示与孔子的准则形成显豁的对照。孔子的学说是消极和被动的,耶稣救主的则是积极和主动的。一个就像祭司和利未人,不做任何恶事,但却从中伤的人身旁走过。而另一个就像善良的撒玛利亚人,会朝不幸者俯下身来。一个就像月光般皎洁清澈,但冰冷而淡漠;另一个则像温暖的日光,充满光亮和生机。[2]

---

[1] 参见奈杰尔·拉波特、乔安娜·奥弗林:《社会文化人类学的关键概念》,第11页。

[2] Carl Johannes Voskamp, *Unter dem Banner des Drachen und im Zeichen des Kreuzes*, a.a.O., S. 73.

第四章　德国巴陵会传教士对中国信仰的书写

毫无疑问，不同的文化承载者在相异的思想文化与意识形态背景下，对于他者的论评总是片面和主观的，中国士绅阶层对于儒学义理和基督教教义的看法同样截然相反。中国士绅阶层认为，儒家学说关注现世，而基督教更重视死后的世界，追求天堂的至福永乐，以基督教的教义应对现世人生是消极被动的，儒学才是对现世的积极回应。

回到和士谦对于儒耶两者的观照，可发现儒学和孔子虽在一定程度上受到传教士的认可，但依旧受到基督教的框范和比较。"不做任何恶事"即指涉孔子强调的"个人自我教育、自我完善的义务"[1]，通过严格的义务履行，实现"与'天'比肩的智慧与品性高度"[2]，将"身体力行""自我克制"表述为孔子的"第二天性"[3]。在上述引文中，孔子的学说义理被论说成"冰冷而淡漠"，而基督教教义则"充满光亮和生机"，传教士对两者的对举旨在凸显儒家义理并不具备基督教救度他人的功能，只局限于独善其身，是一种静态的意识形态，而基督教则是变动不居、温暖灵动的。此外，和氏对儒学义理的论评亦暗合了传教士对儒家思想统治下发展阻滞、神秘静态的中国想象。在《孔子与现今中国》中，和士谦不加婉饰地批驳孔子的言论"不见科学性的痕迹"，缺少"系统的关联性"，抑制"人类精神的独创性"，是中国人的"第二道精神城墙"[4]，其对传统和社会秩序的固守阻碍了

1　Carl Johannes Voskamp, *Confucius und das heutige China*, a.a.O., S. 6.
2　Ebd.
3　Ebd.
4　Ebd., S. 12.

民众的精神进步,将"一个伟大的民族"牢牢困于古代僵化的文化怪圈之中,批判儒学使中国惯于从历史经验中找寻应对未来的方法,是导致中国裹足不前的重要根源之一:

> 孔子并没有原创的思想。他生活在一个传统被遗忘和背弃的时代,一个社会秩序的链条松动的时代,他觉得,只有抑制其民族的进步精神才能拯救这个社会。在他看来,进步是一种负担,保守是一切美德的前提。[1]

此外,传教士还认为,孔子对过去的回望和固守还体现在对尧与舜的推崇:

> 在孔子看来,中国历史最伟大、璀璨的时代就是尧舜时期,他们在公元前2356—前2205年间统治中国。孔子一再回望这个时代,带着强烈而发自内心的喜悦驻足于此,在他看来,这些统治者是理想的君主形象……这两位带有半神话色彩的皇帝尧和舜所提出的格言和建议成为政府智慧的所有来源。想象一下,倘若古埃及和古巴比伦皇帝的命令直到今天依然决定着我们的内政与外政,会是怎样一番景象。对于孔子来说,其指导性的信条是人性本善……接触世界和这个世界的事物会让人越离道德的轨道。[2]

---

1 Carl Johannes Voskamp, *Confucius und das heutige China*, a.a.O., S. 6.
2 Ebd.

第四章　德国巴陵会传教士对中国信仰的书写

和士谦认为，中国人睥睨天下的文化与文明自信亦滋生了保守与狭隘，令其对他国的文明进步视而不见，"裹在毛皮大衣下的日耳曼人已变得体面优雅"，但依旧被中国人视为"外国蛮夷"。[1]事实上，和氏对儒学守定思想的论批，主要原因在于中国民众因守持儒学传统，对传教士带来的基督教文化及其所谓进步的思想与社会"改造"持冷漠与拒绝态度："这个国家充满了热衷于自吹自擂、一无所知的文人……令这些思想顽固的文人产生欣赏钦佩之情是绝无可能的。"[2]这些长期深受儒家思想浸淫的士绅阶层也是传教士的批驳对象。在传教手册中，传教士直言这些官员是煽动民众仇视外来宗教的始作俑者，并多次记叙来自中国地方官员的宣教阻力。这似乎是彼时西方来华新教传教士群体的共同论调，认为"在士大夫温文尔雅的外表下面，只有狡诈、愚昧、野蛮、粗野和仇恨外国事物"[3]。在传教士话语逻辑下，文人士绅阶层是暗中教唆民众仇外、导致民教矛盾不断激化的始作俑者。相较于士绅阶层，中国普通民众则属于一个"富于天赋、才智高超且拥有浓厚学习热情的民族"[4]，"有能力成就伟大的事业"[5]。然而值得注意的是，"天赋""才智"这类"静态的描述性

1　Carl Johannes Voskamp, *Confucius und das heutige China*, a.a.O., S. 12.
2　Carl Johannes Voskamp, *Unter dem Banner des Drachen und im Zeichen des Kreuzes*, a.a.O., S. 74.
3　费正清：《剑桥中国晚清史》（上卷），中国社会科学出版社，1985年，第608页。
4　Carl Johannes Voskamp, *Unter dem Banner des Drachen und im Zeichen des Kreuzes*, a.a.O., S. 118.
5　Ebd.

词语"[1]正是东方主义话语的典型范式,尽管表达肯定意涵,但依旧指向一种静态的东方观。于传教士而言最重要的是,中国人的品性人格"有益于基督教会的训喻教导"[2],"没有传教士对这个民族不抱有浓厚兴趣,他会喜悦地在这个民族身上发现一个又一个优秀的品性特质,并希望看到这个民族被福音净化和滋养……基督教思想正渗透进这一民族。许多人学习《圣经》,想要研究这一令西方国家繁荣富强的根源"[3]。

由是观之,巴陵会传教士将基督教文明与现代化视为一体,亦即将基督教视作一种道德与精神层面的现代化,并将之作为衡量中国的标准尺度。而传教士对中国民众的称赞,其目的在很大程度上是为了凸显中国有被福音改造、拯救的可能性,而非将中国置于平等的文化与民族地位考量。传教士通过建立学校、布道等方式传扬福音,被西方人视为开启中国民智的有效举措,被认为真正"产生了一种释放智识的力量"[4]:

> 中国人拥有值得钦佩的人格,这使得他们成就了一个伟大的民族。中国人所缺少的,不是智力上的熟巧,不是宽容、耐力、务实的精神和亲切……他们所缺少的,是良知

---

1 爱德华·瓦迪厄·萨义德:《东方学》,第274页。

2 Carl Johannes Voskamp, *Unter dem Banner des Drachen und im Zeichen des Kreuzes*, a.a.O., S. 118.

3 Ebd., S. 119.

4 Carl Mirbt, *Die evangelische Mission als Kulturmacht*, Berlin, 1905, S. 11.

（Gewissen）。只有福音能够唤起这个民族的良知，一个民族能因福音而振兴，也能因福音而恢复昌盛。[1]

萨义德认为东方主义文本之间互相指涉、征引，具有一种话语的传承机制，共同构筑起的潜在大文本环境能够持续对其他东方主义者产生影响。东方主义者的知识增长需经历"移植、滤除、重排和固持的过程"[2]，东方话语书写者之间以相互征引的方式反复使用同行的著作、前人的文字记录，尤其是前人的视角、观念和权威论说，为后来的书写者建立起参照与基础。东方主义话语也在这个过程中被"固持"，逐渐由虚构夯实为真实。巴陵会传教手册中亦存在观点、文本相互征引借鉴的现象。论及"孔子的世界观"，和士谦延用"广负盛名"的德国新教传教士花之安对于儒家学说的概括性认识，两者的看法不乏相似之处：

> 模糊地怀疑上帝，传授多神论思想。在坟前和祖先牌位前供奉祭品，敬拜已故亡灵和死者，是神圣的义务。建立功绩的伟人被敬奉为神，人们为他们建造寺庙。自戕被视作美德。许多宁死不屈的妇女和女孩都被以牌坊的形式建立纪念碑。占卜和迷信风俗被神圣化。一夫多妻制是困扰中国人的

---

[1] Carl Johannes Voskamp, *Confucius und das heutige China*, a.a.O., S. 15.
[2] 爱德华·瓦迪厄·萨义德：《东方学》，第228页。

诅咒，儒家学说对此负有绝对责任，对于太监、妾室和女奴的不幸亦是如此，简而言之是对女性最深程度的欺辱。皇帝被视作天的代表，世上一切权势皆归他所有，一切法规和习俗皆由他决断，世上所有统治者皆有向其进贡的义务。被迫，绝非自愿同西方强国缔结的合约条款因而被视作违背智者教义的严重罪行，必将导致国家和人民生活的严重混乱。在典籍中，叛乱被描述为不可避免。"倘若皇帝治国无能，上天便将唤起复仇者。"这一思想表达了贤者可能会登上王位的希望。……自那时起，中国已经发生了50多次令人震惊的民众运动，这些运动基于典籍的说法，已经吞噬了数亿人的生命，更不消说每年在各省各地爆发并被血腥扼杀的地方性起义。此外，孔子还代表着不受限制的父权。父亲可以杀死儿子和将他的孩子卖做奴隶。孩子无条件服从父母，弟弟妹妹无条件服从兄长，同样也是诸多罪恶的源头。为血亲复仇成为神圣的义务。如若情况需要，承诺、誓言和同盟可以被打破……儒家学说对于罪责和罪恶并没有更为深入的见解，他不识传播者、不知耶稣救主，亦不懂救赎，只愿意凭一己之力达致所描画的完善之人的理想形貌。[1]

在和士谦笔下，儒家义理与基督宗教虽互为他者，彼此对抗和消解，但同时也实现着自我丰盈。德国传教士试图从儒家思想

---

[1] Carl Johannes Voskamp, *Unter dem Banner des Drachen und im Zeichen des Kreuzes*, a.a.O., S. 72f.

中攫取精粹为己所用，巩固德国在华殖民统治，进而为福音传道提供便利与庇护（尽管对大多数巴陵会传教士而言，殖民主义对其教务工作并不具备意义）。和士谦批判儒家义理固守传统，导致中国人思想封闭，但对孔子倡议的"仁义"施政观却大力推崇。和士谦表示，德国不该像过去的西班牙殖民者一样，而应遵循孔子提出的"仁义——仁爱与平等"的施政理念，以获得中国民众的信任，修建慈善机构，成为中国人"欣赏的、尊重的、优秀而智慧的""儒士"。基于传教士的身份和立场，虽然巴陵会传教士对儒学义理的贬抑多于褒扬，但其对儒学的探源与阐发的尝试，为儒家思想在德国的传播，至少向德国基督教徒群体的引介，开掘出一条新的道路。

概而言之，巴陵会传教士着墨较多之处在于论说儒学对中国社会发展的阻滞影响，认为儒家学说抑制了中国民众的精神独创性，是围困民众的"第二道精神城墙"，中国民众守持儒学传统，导致其对基督教文化及其所谓进步的思想与社会"改造"持拒斥态度，这正是在华传教士意欲改变的局势和处境。

第三节 佛家义理："虚妄的轮回幻象"

相比于基督教，佛教源自相异的精神与智性传统，秉持截然不同的世界观，反对有神论，否定神存在的重要性，其智性传统旨在达至涅槃的境界。[1]相较于儒家伦理，佛教拥有更加完整的宗教属性和更为明显的神圣性与排他性，虽然与基督教所传达的宗教思想不同，但两者在许多方面具有相似性。一方面，佛教的礼仪形式和基督教的礼拜与弥撒相似，且两者均属于传教型宗教，有赖于信仰者劝人皈依[2]，两者对于中国信徒的争取具有直接的竞争关系。巴陵会传教士亦尝试从佛教中汲取成功的传教经验，探求佛教作为"一个异教、非基督教的宗教在其数千年的传教工作中取得了哪些成功……并借此斟酌，基督教传教事业将在中国的未来数百年，甚至数千年的时间里取得哪些成就，拥有哪些前景"[3]。另一方面，两者均为关乎"救度"的宗教教义，唾弃欲望和"此岸"，指向未来与"彼岸"，"（佛教）照亮了日常生活的艰难道路和临近死亡的痛苦之路。即使在坟墓的黑暗之中依旧闪耀着光芒，令无限悲伤的彼岸生命彰显出些许美好与安慰"[4]。因而在德国巴陵会传教士看来，不论出于何种角度考量，佛教对于基督教在华传播，乃至整个东亚传教区，皆为传教士实现"上帝国度"的巨大阻力。

在传教手册中，佛教与基督教的竞争关系同样有迹可循，表

---

[1] 费乐仁：《现代中国文化中基督教与道教的相遇、论辩、相互探索》，第399页。

[2] 宋莉华：《传教士汉文小说的发展及其作为宗教文学的启示意义》，《武汉大学学报》，2016年第4期，第88页。

[3] Carl Johannes Voskamp, „Welchen Einfluss hat der Buddhismus auf das geistige Leben Chinas ausgeübt", in M. Wilde (Hrsg.), *Mission und Pfarramt*, 4. Jahrgang, Berlin, 1911, S. 120–130, hier S. 120.

[4] Ebd., S. 124.

现为对中国佛教僧侣、术士的刻意丑化。在《一位中国基督徒离奇的生活经历》中，和士谦将义和团运动归咎于佛教对基督教的"妒忌"：

> 在热血沸腾、激奋的口号中，这里的民众被号召起来对抗基督教堂。这一号召很显然是从佛教徒口中传出来的，目的是消灭他们在此处的死敌——基督教。在义和团的宣传海报上，他们被宣扬为使国家权力摆脱外国势力的拯救者，而佛陀是他们的先知，是推动运动向前的精神力量。[1]

在《狗垒》中，来施那也试图对佛教和佛教徒污名化。在作品第二章"儿媳"中，主人公狗垒的妻子水牛和朋友一同上山捡柴途中，突然从灌木丛跳出两个"和尚"利诱二人，企图将她们拖拽到寺庙中。女人们拿起砍柴刀奋力抵抗，最终以"和尚"求饶作罢。后消息传遍村子，寺庙被村民声讨，和尚们落荒而逃，数周后方返回寺庙。这一插曲实则与小说其他情节并无紧密关联，作者刻意塑造中国佛教徒猥琐龌龊的形象，以强化德国受众对佛教的负面感知，同时也体现出传教士心中基督教与佛教不可调和的冲突与龃龉。

此外，传教士试图将佛教作为考察"中国妇女思想世界"[2]的

---

1 Carl Johannes Voskamp, *Merkwürdige Lebensführung eines chinesischen Christen*, Berlin, 1903, S. 8.
2 Siegfried Knak, „Vorwort", in Marie Scholz, *Buddhistenhimmel und Buddhistenhölle*, Berlin, [1927], S. 3.

路径之一。巴陵会当时的传教监督西格弗里德·克纳克在《佛教徒的天堂与地狱》(*Buddhistenhimmel und Buddhistenhölle*，1927) 的前言中写道，中国女性是"苦难者、背负重担者、精神贫匮者和渴望正义的人"，是真正热衷于"精神追求"与"灵魂救赎"之人。克纳克认为，这些中国女性"异教徒"没能借助佛教礼法所规约的"从世俗中逃遁、禁欲、行好事"等行为寻得灵魂的安宁，但却从佛教教义中了解到罪与恩典的思想观念，更易接受同样关乎罪与救赎的新教福音，因而是理想的宣教对象。就佛教教理而论，克纳克评价佛教"相较于福音，供给灵魂的养分极其枯窘"[1]，"也许佛陀的教义心理层面的深度让人啧啧称奇，在纯粹的人道主义层面上蕴含诸多迷人与动人之处，但其宗教性却匮乏得可怕"[2]。关于佛教的宗教性及其作为精神力量的宗教思想，和士谦持相反观点，他认为佛教"拥有不可抗拒的扩张力，具有令人陶醉的思想财富，对民族、时代、习俗、仪式的适应性令人钦佩。它带有一种奇妙的本能，能将存在于人类中的所有宗教观念熔于一炉，化解最尖锐的对立，牢固地建立自身统治地位，以至于令许多基督徒感到挫败，认为中国的佛教是基督教一个不可战胜的对手"[3]。

---

1 Siegfried Knak, „Vorwort", in Marie Scholz, *Buddhistenhimmel und Buddhistenhölle*, a.a.O., S. 3.

2 Ebd.

3 Carl Johannes Voskamp, „Welchen Einfluss hat der Buddhismus auf das geistige Leben Chinas ausgeübt", a.a.O., S. 121.

第四章　德国巴陵会传教士对中国信仰的书写

在《中国的偶像崇拜》中，中国女性最常拜祭的观音庙亦成为传教士穆伦贝克·顾尔的论批对象，指责寺庙僧尼并没有真正怜悯和帮助悲苦无助的女性，而是将女性祭拜者的担忧与恐惧作为谋利的工具：

> 节日期间，我们通过观察观音庙发现，许多女性在那里进进出出。她们的命运通常是最让人同情的。她们来到观音庙寻求安慰。倘若她们生不出儿子，就犹如降在她们身上的惩罚一般……人们能够对这些可怜的女性感同身受，她们是将恐惧与担忧释放在观音庙。她们祭献供品，多么悲伤和忧愁！
>
> ……
>
> 鹿坑的黎威廉牧师曾观察过20位以上女性，她们前往观音庙求子。在下面神像的手臂上系上红绳，若红绳没掉落，表明观音应允了请求。她们对僧侣有求必应，但贡献永远不够，僧侣会偷偷摘下红绳，女人们被告知供奉不够。可怜的被欺骗的"异教徒"的心啊！女人们带着沉重的悲痛来到寺庙。僧侣没有悲悯之心，观音也不怜悯这些可怜的妇女，因为她是由木头和石头做成的。但这石像背后，是中国女人的悲苦，她们在叹息。[1]

1　Mühlenbeck Gurr, *Bilder aus dem chinesischen Götzendienst*, Berlin, 1910, S. 9f.

此外，佛教的宗教元素沦为巴陵会传教士笔下可怖的异托邦之象：

> 当置身于佛寺藏书阁，伫立在编列整齐的书籍前，在中国药店橱窗前的感受再次将我攫住。根据目录，将近149本图书和典籍：鬼神评注、解梦典籍、诸神传记、护身符和符语的论著、地府地理著作、十代冥王的生平和画像、轮回投生的典籍，即灵魂的转世，人类的躯体如何逐渐变为动物的身体。在书里，可以看到男人和女人的身体与蛇、千足虫、蝙蝠、蜘蛛、蜻蜓、金鱼、老虎、猪和蝴蝶奇怪地扭结在一起，可以从这种残酷的讽刺中理解到一些佛教意欲通过这些绞尽脑汁想出的转世变化所表达的思想，这些变化过分深刻地反映了那些充满恶与罪的灵魂。[1]

和氏对雍和宫里的精致器物展开了细致摹写："在北京最大的喇嘛庙，即雍和宫里，还可以看到极其珍贵的宝物，如鬼剑（Geisterschwert）、人骨制成的吹奏乐器、镶嵌在黄金中的人类头骨、一些只有最疯狂的亚洲想象力才能设计出的鬼神面具、奇特的青铜鬼镜，上面描绘着众神最野性的肉欲贪婪，大部分作品都出自艺术家之手。"[2] 尽管和士谦承认寺庙内的佛教摆饰和器物彰

---

1 Carl Johannes Voskamp, *Im Schatten des Todes*, a.a.O., S. 2f.
2 Ebd., S. 3.

第四章 德国巴陵会传教士对中国信仰的书写

显出高度的艺术审美性与创造力,但剧烈的文化信仰冲击令他在这一"异教"信仰的圣殿感受到"怪异的压抑感"[1],被一种"惊悚可怕的力量裹挟"[2],这种感觉不啻为两种信仰的对抗和角力,令身处其中的和士谦感觉喘不过气来,只有默念《圣经》中的使徒话语重新获得力量:"因我们并不是与属血气的争战,乃是与那些执政的、掌权的、管辖这幽暗世界的,以及天空属灵气的恶魔争战。"这段话出自《以弗所书》第6章11节,用以教导基督徒依靠圣灵的帮助抵挡魔鬼撒旦一切形式的攻击。可见,传教士并不能将佛教视作具有平等价值的宗教看待,而是将一切非基督教的置于基督教的对立面,将感知的文化与信仰碰撞视作魔鬼撒旦的侵扰。

传教士顾尔论评中国寺庙的外观与西方教堂的"迥然有别",不符合传教士的审美和"品位":"巨大的、谷仓状的庙顶,也许花了许多钱,用木材和石头建造而成的、雕琢华丽的柱体也令寺庙看起来笨重而压抑,我们完全无法将之与我们美丽的教堂相提并论。"[3]可见,不论是教理层面的内涵深度,抑或是建筑美学层面的外观设计,在巴陵会传教士话语体系下,佛教皆未能作为一个具有同等价值的异国宗教被等量齐观。在《水牛石的基督徒》中,传教士戈特弗里德·恩特曼对佛教表现出的宗教优越感与为"耶"独尊的信仰侵略性同样有迹可循。该作品围绕居住在

---

[1] Carl Johannes Voskamp, *Im Schatten des Todes*, a.a.O., S. 3.

[2] Ebd.

[3] Mühlenbeck Gurr, *Bilder aus dem chinesischen Götzendienst*, a.a.O., S. 2.

水牛石的朱家三兄弟展开，作者笔触生动地描摹了朱家三兄弟归信基督教前的心路历程与归信后遭遇的来自乡亲邻里的嘲弄与疏离，巨细靡遗地刻画德国传教士在华争取信徒的完整面貌与真实困阻，细腻勾勒朱家兄弟如何从勤恳祭祖拜偶的"异教徒"，逐步受到传教士启发，发展成为一名虔诚基督徒，不再畏惧鬼神与不幸，获得内心的平和安宁，最终在平和与坦然中进入天国的故事。恩特曼对佛教和祖先崇拜的理解与想象，可从以下文字略窥其貌：

> 二哥阿路在家里是管事的，一天，他在附近集市上买了一尊陶瓷佛像和两座陶土制成的石狮。他将这尊佛像放在祠堂内的一个台子上，位于土地神之上、祖先牌位之下。据说这尊陶瓷佛像能护佑全家，两头石狮能够帮助佛像免受魔鬼的侵扰。于是家人每日早晚敬拜，祈福保平安。[1]

从对佛像和石狮的描述可看出，传教士眼中的佛并非无惧无畏的存在，同样会受到魔鬼的侵害，亦需要外物庇护。在描述"陶瓷佛像"时，作者原文使用的词语依次为"Porzellanbuddha"和"Porzellangötze"，由此可见中国宗教里的"佛"在传教士眼中与象征愚昧无知的"偶像"（Götze）无殊，皆为异端的存在，其地位介于民间信仰中的神明与祖先之间，展现出传教士对于将

---

[1] Gottfried Endemann, *Die Christen von Büffelstein*, a.a.O., S. 3.

"佛"视作与"上帝"同等地位的"神"的拒绝，其阐述方式与言语措辞无不流露出基督作为"唯一真神"的信仰优越感。

巴陵会传教士对中国佛教的关注与强调，亦出于宗教学角度的考量。除基督教外，佛教被和士谦评价为"最值得认真研究的宗教"[1]，并从研究中生发出"忧患意识"，进而提醒本国基督教信徒与传教群体警惕佛教对欧洲的渗透与影响，提醒信众新教福音充满活力的火苗正在佛教悲观主义的阴影下逐渐黯淡：

> 英国诗人阿诺德以其伟大的诗歌《亚洲之光》美化了佛教，使英国许多人的思想倾向于佛教，但佛陀的影子，从喜马拉雅山的高处一直到蒙古大草原，从比尔马到日本，遍布亚洲，早已渗透进欧洲的边界，影响着我们的哲学、艺术和音乐——有人说瓦格纳的音乐中就带有佛教的特质——也渗透到许多受教育者的宗教思想之中。犹如一幅暗色背景，以其否定生命的悲观主义，将对生命的激情与热爱蒙上阴影，与我们这个时代追求生命的物质享乐达成有效统一，把控人们的心绪，从而与基督教那充满活力的呼声渐行渐远。……马可·波罗说："如果佛祖是一个基督徒，他就会接近上帝的宝座！"这话可能是对的。[2]

---

1 Carl Johannes Voskamp, „Welchen Einfluss hat der Buddhismus auf das geistige Leben Chinas ausgeübt", a.a.O., S. 124.

2 Ebd., S. 121-125.

综上所述，传教士对中国宗教的论说烙刻着显豁的信仰排他性与宗教好斗性。这种排他性与好斗性不仅显现在基督教与中国信仰的直接对视中，而且对于作为"信仰他者"的中国宗教之间的相遇与接触，传教士表现出的包容性依旧不高。在《在死亡的阴影下》中，和士谦语调诙谐又不无讥讽地记叙了一位自称为"孔子的第七十代后人"替其母亲——一位"狂热的道教徒"，前往崂山道观祭拜的故事。和士谦虽未言明这位孔子后人的真实身份，但通过叙述可以推测此人地位显赫，曾拜访过德国在山东建立的女子学校，因道观位于沿海一秀丽的山涧沟谷处，德国政府甚至为他提供了一艘战船，载其到达。[1]在和氏看来，孔子后人进入道观，代其母亲祭拜道家神明的行为蕴含着不可调和的信仰冲突，彰显着儒与道之间"最为尖锐的对立"[2]。和氏惊讶于孔子后人对信仰碰撞的无知无觉，甚至略带嘲弄地表示"中国民众只会将这场朝圣之旅视作感人至深的尽孝行为"[3]。

基督教的排他性是毋庸讳言的。11世纪以降，基督教在欧洲多次发动宗教战争，十字军东征和三十年战争等历史事件都是发生于基督教和"异教"以及基督教内部教派之间的信仰纷争，虽然当时的战争在一定程度上是披着宗教外衣的政治革命，基督教本质上只是统治阶级追求权力和利益的工具，但其作为

---

[1] Carl Johannes Voskamp, *Im Schatten des Todes*, a.a.O., S. 28.

[2] Ebd.

[3] Ebd.

第四章　德国巴陵会传教士对中国信仰的书写

精神力量的煽动作用是不可否认的。在巴陵会传教士来华的晚近时期，德国虽然以山东教案为借口发兵占领了胶州湾，但作为奉行虔敬主义的新教差会，巴陵会在大多数情况下并不愿与政治产生过多关联，而是更多地强调基督教信仰的纯洁性和神圣性。和氏的论评一方面暗含对儒学宗教性的肯定，另一方面表现出传教士对中国儒释道三家的思想关联缺乏深层认知。与基督教在欧洲和伊斯兰教等"异教"彼此冲突、各自独立的关系不同，中国的儒释道三教之间存在一种彼此相通的"同构关系"，亦即"同一个文化结构下，以不同的方式相互依赖，共荣共生"[1]。再者，和氏虽表示曾与孔子后人"彻夜长谈"，但他的言论也反映出传教士对中国儒士的了解与接触并不算深入。宗教学学者李天纲在研究中提及，明清时期的儒家士大夫虽在官方层面排斥佛教和道教，私下里实则思想开明，与僧人、道士交往密切，过着"跨宗教"的生活，在儒家立场上对佛道的排斥并非出于信仰层面，而在于利益层面。[2] 因而拜访道观并不一定会令儒士感觉到信仰的神圣性被触犯；相反，很多儒士的"精神气质出于儒、道、佛之间，融汇通贯"[3]，他们依靠儒学出仕，随后又从儒学中逃遁而归于禅宗或道家。由是观之，巴陵会传教士对中国宗教信仰思想的体悟与现实察观具有很大程度的局限性，加之惯于用自身的信仰逻辑套解他者的宗教思想体

1　李天纲：《三教通体：士大夫的宗教态度》，《学术月刊》，2015年第5期，第109页。
2　同上，第108—109页。
3　同上，第113页。

系，其透过文字传递给德国读者的论说时常是主观和流于表面的。"恰如其分地叙述中国人在思想体系与宗教领域的优势与困境，绝非传教士的目的"[1]，因而传教士有关中国信仰的书写并不可能以其原貌落地西方。

---

1 Lydia Gerber, *Von Voskamps „heidnischem Treiben" und Wilhelms „höherem China". Die Berichterstattung deutscher protestantischer Missionare aus dem deutschen Pachtgebiet Kiautschou 1898-1914*, a.a.O., S. 293.

第五章
德国巴陵会传教士对中国仪式的书写

19世纪，人类学的兴起令"仪式"这一术语拥有了文化意义。起初，有关仪式的阐释是围绕信仰进行的，仪式与信仰被视作"原生性的共存体"[1]。法国人类学家埃米尔·涂尔干（Emile Durkheim）认为，仪式是宗教生活的基本形式，仪式与信仰共同作用，使信徒结合成一个道德共同体。维克多·特纳（Victor Turner）承继了涂尔干的理论脉络，提出了最为著名的仪式的定义："用于特定场合的一套规定好了的正式行为，它们虽然没有放弃技术惯例，但却是对神秘的（或非经验的）存在或力量的信仰，这些存在或力量被看作所有结果的第一位的和终极的原因。"[2]

路德宗（又称信义宗）的德国巴陵会秉持的信仰原则承袭自马丁·路德宗教改革提出的信仰主张，被视作对教义正统性的持守，内在信仰层面强调"唯信称义"，对外在层面的仪式形式亦

---

1 王轻鸿：《西方文论关键词：仪式》，《外国文学》，2015年第6期，第92页。
2 菲奥娜·鲍伊：《宗教人类学导论》，金泽、何其敏译，中国人民大学出版社，2004年，第176页。

不排斥：礼拜仪式被视作"保持信仰的辅助手段"，有助于"增进上帝的恩典"[1]；受洗仪式被强调为"必要和有效的"，是"上帝将圣灵的礼物给予接受洗礼之人"[2]；在圣餐仪式上，信徒通过领用教会的无酵饼和葡萄酒来获得上帝恩典和关于赦免罪恶的承诺。可见，即便是强调内在信仰的新教路德宗，宗教仪式也并不会因此缺席。20世纪初，仪式的内涵向世俗化演进。功能主义学派主张将仪式置于社会文化背景下考量，强调仪式的社会意义与功能，认为仪式增强了人们的集体意识，实现了个人与社会、族群的身份认同，具有维系和延续社会的作用。仪式使集体成为一个道德共同体，激发、维持和重塑了群体生活，令群体的集体观念和道德意识得以强化。[3]

中国的传统仪式历经长期的文化传承与历史积淀，融合众多宗教元素。其中，祭拜偶像和祭祀祖先即是一种围绕信仰与祭礼的仪式行为，涵括祭祀体系的一整套制度规定和仪式活动。特纳表示，仪式的意涵之一是跨过"门槛"，意味着从一种状态转化和过渡到另一种状态[4]，丧葬习俗便属于此类范畴。丧葬仪式作为一种"规范化的社会行为"，具有一定的象征作用。对仪式的行使群体而言，仪式的象征意涵"保证了某种情感的宣泄，它满足

---

1 刘城：《马丁·路德"唯信称义"思想：灵魂救赎的单一路径》，《世界历史》，2012年第6期，第30页。

2 同上。

3 参见王轻鸿：《西方文论关键词：仪式》，第94页。

4 维克多·特纳：《仪式过程：结构与反结构》，黄剑波、柳博赟译，中国人民大学出版社，2006年，"序一"第7页。

了构成社会的大多数个人的需求并支持着社会的主要制度"[1]。隆重的丧葬仪式蕴藏丰富的文化内涵，不仅彰显着对死者的尊重、子女的孝顺，还有其神圣而庄严的意义，亦即借助仪式唤起生者对生命的敬畏。正如人类学者莫妮卡·威尔逊（Monica Wilson）所言："仪式能够在最深的层次揭示价值之所在……人们在仪式中所表达出来的，是他们最为感动的东西，而正因表达是囿于传统和形式的，所以仪式所揭示的实际上是一个群体的价值。"[2]此外，日常交往礼仪亦是仪式的一种。作为一种社会性的习惯性行为，是一种潜意识的"应有行为"[3]和"礼貌的形式化"[4]，是社会各阶层人物的身份表征。纵观巴陵会传教士对中国相关礼仪的书写，其介绍一般是描述性的，鲜少关注礼仪背后的复杂意涵。在基督教与现代性的意识形态框范下，中国的仪式礼俗大多丧失了原本的意义内涵，被传教士贴上了"迷信"的他者标签。

第一节　丧葬习俗：陋俗事象的微观细描

中国在漫漫历史长河之中积淀的民俗传统，是构成中国人日常生活的重要组成部分，更是中华民族文化传承性与稳定性

---

[1] 菲奥娜·鲍伊：《宗教人类学导论》，第177页。
[2] 维克多·特纳：《仪式过程：结构与反结构》，第6页。
[3] 罗纳尔德·格莱姆斯：《仪式的分类》，第21页。
[4] 同上，第20页。

的具体表征。在诸多民俗礼规中,葬礼是极其重要的仪式。中国人崇尚儒家的忠孝节义,葬礼的操办寄寓着生者对死者的尊重与追思,甚至在许多地区有"死事重于生俗"的现象,将丧礼与家族未来的命运紧密拴联,涉及的典礼仪轨也不断渗浸各地的社会和民族文化的传统元素,表现出形式各异的丧葬礼俗仪式。传教士携其独特的角色意识,以社会人类学的视角审视和传递着中国社会文化的信息。戈特弗里德·恩特曼的《如何从魔鬼的奴隶变成上帝的仆人》[1]和和士谦的《在死亡的阴影下》(*Im Schatten des Todes*,1925)[2]是传教士详细载述中国丧葬习俗的读本,在一定程度上呈现了传教士群体对中国习俗的普遍定调和体认。

在《如何从魔鬼的奴隶变成上帝的仆人》中,身处广东传教区的教士恩特曼详细呈现了中国华南地区丧葬习俗的典礼仪规,涉及送终、呼号、服孝、买水的丧葬仪礼,其文字叙述颇具人类学田野考察性质:

> 他们先是烧了一套衣服,让他(死者)不至于衣衫不整,然后又祭祀了一些钱纸,让他有必要的零钱去贿赂那些把他拖到地狱阎王审判席前的冥界代理人。右手里放入煮好的米饭和面条,用来投喂可怕的地狱之犬,让它们不至于在地狱

---

[1] Gottfried Endemann, *Wie aus einem Knecht des Teufels ein Gotteskind wurde*, a.a.O.

[2] Carl Johannes Voskamp, *Im Schatten des Todes*, a.a.O.

入口朝他的小腿狂吠。左手里放入一片芦苇叶和桃树的新枝，以便掸去长途跋涉后肩头的汗水，鼻子上的眼镜是为了更好地看清前路，胸前还有一把扇子，用于冷却炼狱的热焰。[1]

有关"买水"的丧礼习俗，恩特曼如是描述道："为了召唤河神，她用扇子敲打了几下水面，在空中挥舞着冒着烟的香供，使火光映入水中。在吸引到小溪（河神）的注意后，她将两枚硬币扔进水里，随即舀满水，用这个水在家中清洁死者的脸、手脚及心窝。"[2] 诚如民俗大典中所言："在广府地区，孝子戴三果冠，披麻跣足，手执丧杖，随亲属哭赴水滨，投一文钱'买水'。"[3] 此习俗旨在令死者"洗净眉目上天庭"[4]，恩特曼的载述中亦强调"买水"的目的是"洗净他（死者）虚度的人生的罪孽，使其无罪而洁净地出现在地府判官面前"[5]。此处，中国与基督教文化中"水"所具有的洗涤邪恶与罪责、洁净心灵的作用，以及关涉"罪"的宗教思想彼此贯通。

和士谦多次评价中国的丧葬仪式繁复、铺张体现在葬礼的多个环节。《在死亡的阴影下》中，和氏记叙中国人将死者下葬需等待风水师"寻得一处能带来好运的风水宝地"，论批这一习俗是

---

[1] Gottfried Endemann, *Wie aus einem Knecht des Teufels ein Gotteskind wurde*, a.a.O., S. 8.

[2] Ebd., S. 8.

[3] 叶春生、施爱东主编：《广东民俗大典》（第二版），广东高等教育出版社，2010年，第129页。

[4] 同上。

[5] Gottfried Endemann, *Wie aus einem Knecht des Teufels ein Gotteskind wurde*, a.a.O., S. 9.

"烦琐的、交织着各种迷信的仪式"[1]。在传教地山东，"死者被葬在农田里，田里堆满了越来越多的祖先坟冢"[2]，和氏认为此惯俗背后是"生者与死者之间无声的生存抗争"[3]，是导致耕地缩减、民众赤贫的主要原因。在传教士的话语逻辑下，将死者葬于农田的习俗严重侵占了山东民众的生存空间，导致"成千上万勤劳的农民被迫移民到富饶的平原黑龙江"[4]，并充满文明教化意味地痛陈中国礼俗的力量是"压倒一切的"，"传道与劝诫皆不能与之抗衡"[5]。

显而易见，和士谦所谓真实的"日常见闻"实则与真相相去甚远，对历史事件的载述与论评有断章取义之嫌。毫无疑问，清末民初山东人移民黑龙江并非源于祖先坟冢对耕地的挤占，而是多方因素综合作用的结果。一方面，光绪三十年（1904）后，清政府在黑龙江开禁放垦，推行相关减免政策招徕鲁民前往黑龙江垦荒，彼时的山东已因前期人口增速过快导致人均耕地面积连年下滑，又因大量土地长期高度集中在少数地主手中，致使人地矛盾日趋尖锐，加之自然灾害频繁[6]，因而出现大量民众背井离乡到关外谋生的社会现象，绝非因祖先坟冢对耕地的侵占。

值得一提的是，"才华横溢、笔耕不辍"[7]的和士谦堪称巴陵

---

[1] Carl Johannes Voskamp, *Im Schatten des Todes*, a.a.O., S. 15.

[2] Ebd.

[3] Ebd.

[4] Ebd.

[5] Ebd.

[6] 参见牛淑萍：《清代山东移民东北述论》，《烟台师范学院学报》，2001年第1期，第59—60页。

[7] Julius Richter, *Das Werden der christlichen Kirche in China*, a.a.O., S. 331.

第五章 德国巴陵会传教士对中国仪式的书写

会"深受欢迎的作者"和"最为知名的传教士之一",其撰写的传教手册被赞誉为"传教文学的新形式"[1],他的传教报告也"被最为广泛地征引"[2]至巴陵会唯一的工作报告——《年度报告》（*Jahresbericht*）中。然而,和氏文字的真实性是受到巴陵会质疑的,但他本人在多大程度上意识到自己的虚饰或歪曲至今悬而未决。即便在巴陵会1906年对他提起的调查程序中,他也没有对指控发表明确意见、提出反证或是为偏离事实而表示歉意,其对待事实真相的态度被巴陵会批驳为"漫不经心"。论及和氏的中国书写,同在山东传教、隶属于同善会的德国著名新教传教士卫礼贤表示:"从本质上讲,和士谦主要关注的是其个人的突出,这就是为什么他缺乏内心的真实性。如有必要,他还会将一些无法扭曲的东西扭曲化,也就是说,他秉持的是自由的创想。但我将之视作近乎病态的嗜好。"[3]

诚然,对和士谦"歪曲事实"的谴责和指控并未给他的声望带来持续性影响,其生动的叙事风格依旧深受母国读者的喜爱。在受到差会质疑后,巴陵会依旧持续发行和士谦撰写的传教报告和宗教手册,前文论述的《在死亡的阴影下》便是佐证之一,该传教手册的书封底页上还刊载着和氏另一本新书的宣传广告,且

---

[1] Lydia Gerber, *Von Voskamps „heidnischem Treiben" und Wilhelms „höherem China". Die Berichterstattung deutscher protestantischer Missionare aus dem deutschen Pachtgebiet Kiautschou 1898–1914*, a.a.O., S. 124.

[2] Ebd., S. 253.

[3] Ebd., S. 124.

被评价为"一本具有高度道德与文化价值的作品"。在整个在华传教期间，和士谦几乎一直是"巴陵会青岛传教区面向当地公众及家乡传教团体的发声者"[1]。由是观之，巴陵会虽在《传教规章》中明确将追求"严肃的真相"和避免"虚假的表象"标举为传教报告的"基本要求"[2]，但在事实上却默许传教士对真实的中国形貌的讹传，为营造中国礼俗的文化异质特性，增强"异教"氛围与戏剧性效果，内容的真实性让位于文字的生动性，将复杂的社会问题简单等同或化约为"异教国度"的恶果，并造成了"真相"与"现实"的错位。

第二节　祭祖拜偶："虚假神性"与"神权僭越"

巴陵会山东布道区传教士昆祚在《中国的黑暗力量》中颇具讥讽意味地将"迷信和偶像崇拜"论述为"异教徒的重要文化支柱"[3]，称其为"辖制中国"的"黑暗力量"[4]。英国哲学家培根

1　Lydia Gerber, *Von Voskamps „heidnischem Treiben" und Wilhelms „höherem China". Die Berichterstattung deutscher protestantischer Missionare aus dem deutschen Pachtgebiet Kiautschou 1898–1914*, a.a.O., S. 124.

2　*Missionsordnung der Gesellschaft zur Beförderung der evangelischen Missionen unter den Heiden zu Berlin*, a.a.O., S. 67.

3　Adolf Kunze, *Die Macht der Finsternis in China wird durch die Macht des Lichtes siegreich überwunden*, S. 4.

4　Ebd.

如是评价"迷信":"迷信就是否定上帝的价值,它是对上帝的亵渎。……迷信……在人们心里创造了一个绝对的权威。"[1]仪式和信仰是紧密关联的共存体,在传教士眼中,中国民众祭祀祖先与敬拜偶像等仪式充溢着具有原始宗教特征的迷信行为,与真正实现"灵魂得救"的基督教一神论扞格不入,是传教士群体极力抗争的对象。

巴陵会传教士将中国人祈求神灵的动机总结为五个方面:长寿、健康、财富、孝子、善终。[2]对中国偶像崇拜的书写与论述主要呈现为三种方式:

其一,昆祚从宗教人类学角度将中国的神偶崇拜概括为三种类型:神明与鬼怪崇拜、英雄崇拜和动物神崇拜。英雄崇拜的神像为"男性","曾经是杰出的帝王、将军、儒士或是官员,奉皇帝诏命死后修建寺庙,由陶土制成或由木头雕刻而成的等人高神像端坐在祭坛上。他们依皇帝诏命升格为神明,受民众敬拜和祈祷"[3]。动物神崇拜是指敬奉"由动物幻化而成"的人格化的神,比如"供奉于胶州最宏伟寺庙中的马王"以及"李鸿章身着朝服去敬拜"的"蛇神"（Schlangengott）。[4]笔者未找到有关"蛇神"的相关历史记载,遂猜测昆祚记录的受李鸿章等官员敬拜的蛇

---

1 转引自刘恋:《清末民初基督教在华传教士眼中的祖先崇拜》,硕士学位论文,南京大学,2014年,第22页。

2 Mühlenbeck Gurr, *Bilder aus dem chinesischen Götzendienst*, a.a.O., S. 5.

3 Adolf Kunze, *Die Macht der Finsternis in China wird durch die Macht des Lichtes siegreich überwunden*, a.a.O., S. 5f.

4 Ebd., S. 7.

神,或为中国民间习俗中与蛇相似的"龙王",在水患频发或久雨不止时敬拜和祈福。李鸿章被德国海军大臣科纳德称为"东方俾斯麦"[1],巴陵会传教士将蜚声中外的中国政治名人嵌于叙事之中,试图增强故事可信度与阅读冲击力,满足了西方读者对东方神秘性的猎奇心理。传教士并未对中国神偶崇拜背后的礼俗生发做进一步深入分析,只停留在表面的现象描写与叙事加工,因而并未在中国祭祀礼俗与西方读者之间架构起真正意义上的沟通管道。传教士顾尔同样从官方祭祀层面载述了中国的祭祀礼俗:

> 如果长时间经历干旱天气,地方官员便会禁止售卖猪肉,施行多日严格的斋戒,亲自前往神庙祭祀求雨……如果不奏效,他便会将神像长时间置于太阳下,让其感受太阳的炙烤,或者将神像套上链子,作为神灵不友好行为的惩罚,不给他米吃,强迫他降雨,还会用狗血令神像污秽。[2]

其二,传教士恩特曼从文化学视角笔重墨浓地将中国民众的祭拜偶像惯俗融于对中国传统节庆的介绍之中。在《水牛石的基督徒》中,恩特曼细节翔实地将中国人欢庆除夕、春节、

---

[1] 有趣的是,德国来华新教传教士似乎格外喜欢用李鸿章为其言论站台。在《作为文化力量的新教传教》一文中,同样将李鸿章聘请中国基督徒医生为其诊病强调为"一个值得注意的事实",以此突出基督教文明所自封的"新生力量"在中国上层民众生活中的渗透,表达当时"腐朽"的中国社会亟待基督教化与现代化。Vgl. Carl Mirbt, *Die evangelische Mission als Kulturmacht*, a.a.O., S. 14.

[2] Mühlenbeck Gurr, *Bilder aus dem chinesischen Götzendienst*, a.a.O., S. 8.

清明节、中秋节的过程展现在德国读者面前，其难得之处更在于，恩特曼并未不由分说地将中国民众的祭祀相关文化习俗主观定性为"异教徒"根深蒂固的"文化沉渣"，而是试图生动客观地再现中国人庆祝节日的热闹场景和相应礼俗仪规。恩氏如是描绘中国民众庆祝中秋节、祭拜月神的方式、缘由及民众心理：

> 阿路在门外放上一张桌子，摆上一块月饼和新鲜的水果，洋大头菜或是红薯上插着香、灯和蜡烛，在午夜时分点亮，男性家属跪地，脸朝圆月磕三个响头，以便让地下的祖先看到他们三人的笑脸。随后女性家属端来祭品，请求月神赐她们健康的儿子。中国女性认为在满月这个夜晚，月神能听见她们的祈愿和请求。[1]
>
> 按照我们人民的迷信逻辑，月圆之夜发生的所有事暗示着整个国家将来的好运与厄运。倘或天空晴朗、万里无云，便意味着将来会有一段好日子过。若在午夜之前，月亮上飘过几朵云，油盐价格便要上涨。若午夜之后，月亮被云朵遮挡，便意味着米价会上涨。此刻天空中有一堵黑色的云墙，星星变得愈发暗淡，恐为天狗吃月亮，将招致厄运。阿路很快便从房间里取出锣，想通过剧烈击打发出的巨大声响吓退怪兽。小孩子们也以此为乐，拼命叫喊。——但不只是这个节日，我们的人民对待所有神明的节日都是这般虔诚认真。

---

[1] Gottfried Endemann, *Die Christen von Büffelstein*, a.a.O., S. 8.

的确，这些节日为人们苦累而繁重的生活带来了唯一的休息与乐趣。[1]

在第二段引文中，恩特曼将中国民众称呼为"我们人民"，试图以这种方式与被叙事者"中国民众"拉近距离，增加读者的代入感；与此同时，亦是传教士本人不再固持东西方二元对立的叙事立场，拒绝东方主义话语系统的尝试。揆诸常理，中国民众通过月亮与云朵的关系预判未来生活处境的方式自然是荒诞离奇的，也因此被传教士论批为"迷信逻辑"，但"迷信"并非是作者意欲突出的中国人特质，而是旨在突出中国民众的浪漫情怀与对待信仰的虔敬。这一书写目的可在恩特曼撰写的《中国传说和童话》导言中获得确证。该作品中同样出现了描述中国民众庆祝中秋节的相似细节，随即强调中国人习惯"用各种传说和故事打发时间"[2]，乐于用神话传说的方式述说和解释自然现象，突出中国民众所独有的浪漫特质与丰富想象力。

其三，问答与对谈也是传教士惯常采用的书写方式。在《狗垒》中，传教士来施那笔触生动地描摹了主人公狗垒一家人数十载的生活境况，将原本生硬的宗教阐释及对中国民间信仰仪式的质疑与富于感染力的叙述语言熔于一炉，插入对话的叙述形式，试图以理性思辨向读者阐明中国人的拜神动机，即"时刻处于对恶鬼的敬畏与恐惧中"[3]。在作品第五章"敬神节"（Götzenfest）

---

1 Gottfried Endemann, *Die Christen von Büffelstein*, a.a.O., S. 8f.

2 Gottfried Endemann, *Sagen und Märchen aus dem Reiche der Mitte*, a.a.O., S. 7.

3 Wilhelm Leuschner, *Keu-loi. Ein Bild chinesischen Volks- und Familienlebens*, a.a.O., S. 13.

中，主人公狗垒跟随父亲进城参加敬神庆典，来施那将其描述为"一场无比喧哗的节日，有些像家乡的集市或是展览会，热闹非凡"，"完全不同于耶路撒冷的复活节"[1]。街上人头攒动，父子俩在人群中展开问答对话：

>"父亲，敬神节是什么？"
>
>"孩子，人们庆祝这个节日，祈求时稔年丰。没有这样一场节庆，收成就不好。民众如果不祭拜神灵，神灵就会行坏事，报应我们。"
>
>"父亲，哪个神灵是最灵的？"
>
>"孩子，你问的这些我怎会知道？盘古神和观音神据说非常有名。"
>
>"是的，父亲，盘古神雕凿了天与地。我们供奉的神灵也来过节了吗？"
>
>"没有，他需要看家。"
>
>"父亲，你看到了吗？白蚁将神像的手臂咬掉了，神灵为什么喜欢这样？"
>
>"别傻了，神像是木头做的，他怎么能驱赶蚂蚁呢？"
>
>"但是父亲，如果他要帮我们看家，他一定得保护好自己和赶走蚂蚁。"
>
>"住口，孩子，你不懂。我们要买一尊新的神像。"
>
>"太好了，父亲，那我们需要每日向新神像烧香吗？"

---

[1] Wilhelm Leuschner, *Keu-loi. Ein Bild chinesischen Volks- und Familienlebens*, a.a.O., S. 23.

"当然了，甚至早晚都要烧香。"[1]

相较于传统问答手册（Katechismus）时常遵循的"问者必浅，而答者必深；问者有非，而答者必是"的固定范式[2]，来施那将问答对象的惯常立场颠倒，针对提问者"孩子"[3]的质问，"异教徒"父亲表现出难以招架的尴尬态势，其回答并未替提问者消解困惑，最终因害怕忤触神明而草草结束论战。作者意欲借对话揭示，中国人虽勤恳敬拜神灵，究其原因并非出自内心的信任和虔敬，而是对神灵的深深畏惧，由此指出中国人对于神灵的认知与理解呈现出模糊和矛盾的思想状态，敬神拜偶的信仰荒诞性不辩自明、呼之欲出。

相似论述亦可在《中国的偶像崇拜》中觅得踪迹，传教士顾尔评价中国民众的现世与来世都处于畏惧神灵的精神桎梏中，将之论述为"晦暗的异教""难以名状的悲惨"[4]，借此向读者呼吁传教，"让他们听到救主的教诲，获得平安"[5]：

在中国，男人也向神像祈求祷告。如果人们问他们："你们怎么能向木头和石头祈求祷告呢？"他会回答说，"我

---

[1] Wilhelm Leuschner, *Keu-loi. Ein Bild chinesischen Volks- und Familienlebens*, a.a.O., S. 24f.

[2] 参见宋莉华：《传教士汉文小说研究》，第 207 页。

[3] 提问者即作品的主人公狗垒，随着故事的发展最终领洗入教成为一名基督徒，因而引文孩子与父亲的问答对谈依旧遵循传教文本中惯常出现的发生于基督徒与"异教徒"之间的对谈范式。

[4] Mühlenbeck Gurr, *Bilder aus dem chinesischen Götzendienst*, a.a.O., S. 12.

[5] Ebd.

们不是向石头和木头祈祷，而是向住在里面的神明祷告"，但他们自己也感受得到，他们对于神灵并没有真正的信仰。广州大大小小的神庙不下1400座。当这些神像变得老旧残破，人们便又在旁边建立一个新的、彩色的，听凭那些前来寻求帮助的人，愿意敬拜哪个就敬拜哪个。但通常情况是，中国人大多供奉那尊老旧的神像。

……

中国人自然没有因为敬拜神灵而变得幸福。他们不识有爱的神，不识救主和救赎者。他们智慧的孔子已经说过……"事鬼敬神而远之"。没有"异教徒"爱他的神，他只是恐惧神灵和日常的惩罚。"异教徒"将遭遇的一切痛苦、疾病和不幸皆视作恶神的惩罚。"异教徒"徒劳地努力着，通过祭祀和重复的祭祀来让愤怒的神明息怒、情绪缓和下来，这一切只是为了从苦难、窘境、担忧和糟糕的境遇中解放出来。[1]

中国的祖先祭祀亦是巴陵会传教士不断"抗争"（bekämpfen）的"异教"仪式。传教士对中国祖先祭拜习俗的激烈批驳源于基督教文化与中国传统文化的整体思想体系的冲突与相悖。在基督教文化中，所谓唯有上帝处于家长地位，世间所有人都是上帝的子女和选民，且地位平等，没有等级之分。上帝涵容了人与神的世界，神创造了人，后者与前者分离，但始终依赖于神的世界。

---

1 Mühlenbeck Gurr, *Bilder aus dem chinesischen Götzendienst*, a.a.O., S. 10f.

在以神为本的教义原则下，基督教具有引导信徒抛弃世俗家庭关系、转为"以神为亲"的倾向，《圣经》中有多处经文对此加以强调："也不要称呼地上的人为父，因为只有一位是你们的父，就是在天上的父。"(《马太福音》23：9)"人到我这里来，若不爱我胜过爱（爱我胜过爱：原文是恨）自己的父母、妻子、儿女、弟兄、姐妹，和自己的生命，就不能作我的门徒。"(《路加福音》14：26)在《马太福音》第12章50节中，耶稣说明了何为"真正的亲属"："凡遵行我天父旨意的人，就是我的弟兄、姐妹和母亲了。"[1]而中国的传统文化秉持伦理中心主义，重视孝亲观念，孝亲之道处于中国传统伦理道德的本位，在历史长河中早已沉淀为中华民族的精神基因，也是中国维护宗法一体化社会结构的关键。巴陵会传教士对中国重要道德伦理"孝"的论评既包含克制的赞美，又包含直接的批驳。在《孔子与现今中国》中，和士谦批驳儒家弘扬的"孝"是体现孔子思想的"最简短套话"，"是保护国家和民族的原则，是阻止国家溃散与瓦解的唯一'疗愈'方式"。[2]他将"以孝为前提"的祖先祭祀批作流弊，"犹如一种不幸，背负在如此富于天赋的民族身上"[3]，直言中国祭祖礼俗是在感人至深的亲情表象下将过去与现在、生者与死者捆绑在一起，使"活着的中国人成为不计其数的死去的中国人的奴隶"[4]，

---

[1] 本书《圣经》引文版本均为现代标点和合本。

[2] Carl Johannes Voskamp, *Confucius und das heutige China*, a.a.O., S. 6.

[3] Ebd., S. 14.

[4] Ebd.

当其他民族"望向未来的朝阳，充满希望地迈向未来的、更好的时代，中国民众却在过去的黑暗中伫立和凝视"[1]。传教士认为，出于对死者的"过度敬畏"，中国民众反对修筑铁路和开采矿藏，恐"惊扰了在地下沉睡的祖先的安宁"[2]，为社会改造与革新带来阻力，在表面和谐友善的社会生活体系下，实则彰显出"一种父权家长制的、专制的"[3]社会形态表征。

又如在《中国的黑暗力量》中，昆祚一方面对祭祖习俗中敬拜父母、感怀先人的优良传统表示肯定，另一方面则认为拜祖习俗中"对祖先的神性敬崇"（die göttliche Verehrung）是应该被剔除的"错误"。[4]何必力亦直言"祖先崇拜违反了十诫"[5]。可见，巴陵会传教士大加挞伐的对象实为与基督教一神论相冲突的伪神性的创造行为，祭祀者赋予祖先以"虚假神性"，亦即超越了祖先祭拜的慎终追远意涵，赋予死去的祖先亲辈与神相似的超自然力量，将恩赐和庇护归属祖先，这被认为是对"上帝的荣耀"的损害[6]，被视作一种神权僭越。基于这种立场，传教士对祖先祠堂的描述也更多突出其庇佑功能，而时常忽略怀古追思之意涵：

---

1 Carl Johannes Voskamp, *Confucius und das heutige China*, a.a.O., S. 6.

2 Ebd., S. 14.

3 Ebd.

4 Adolf Kunze, *Die Macht der Finsternis in China wird durch die Macht des Lichtes siegreich überwunden*, a.a.O., S. 8.

5 Zit. n. Helle Jörgensen, „Zum wechselvollen Verhältnis von Mission und Politik: Die Berliner Missionsgesellschaft in Guangdong", a.a.O., S. 191.

6 转引自王立新：《十九世纪在华基督教的两种传教政策》，《历史研究》，1996年第3期，第79页。

那些可怜的泥砖房子满是恐惧地聚积在一起，就像要寻求庇护，在石头砌成的祖先祠堂周围，"异教徒"祈求着保护与帮助。祠堂里香火升腾，神像四周烟雾缭绕。[1]

概言之，基督教的排他性和唯一真神特性决定了巴陵会传教士审视中国祭拜礼俗的基础立场，即将之定义为忤触上帝神性的"错误"行为，以基督教意识形态作为唯一且不容置疑的评判标准，宗教上表现出鲜明的东方主义色彩。此外，巴陵会传教士对中国祭拜礼俗的评判和认识亦是西方近代社会思潮的集中反映，其对中国的审视包含了生发于西方近代社会的平等观念，并在很大程度上影响了传教士在世俗层面对其时中国家庭关系的体认。

第三节 礼节传统："形式化的表面客套"

礼节亦是仪式的一种。作为一种社会性的习惯性行为，礼节是一种潜意识的"应有行为"[2]和"礼貌的形式化"[3]，是社会各阶层人物的身份表征。从古至今，"礼"在中国社会始终占有重要

---

1 Gottfried Endemann, *Die Christen von Büffelstein*, a.a.O., S. 1.
2 罗纳尔德·格莱姆斯：《仪式的分类》，第21页。
3 同上，第20页。

地位，上至庙堂朝廷，下至底层百姓，皆深受"礼"的影响与渗透。在数千年文明与文化洗礼下，"礼"经历代统治者的改造与规制，从最初的宗教、政治领域逐步扩展至社会生活的各个层面，拥有仪式、政法制度、行为规范与等级标识的多重意涵。[1]巴陵会传教士对中国之"礼"的查看与观识，主要围绕"礼"在日常生活中作为"行为规范"的表现形式，将了解和学习中国人的礼数与行事规范作为一种日常跨文化交际手段，认为了解中国民众的礼节是获取信任与赏识的重要一环。来施那在《中国的形形色色》中即表明了类似观点：

> 在中国的外国人必须对中国的礼俗传统，尤其是礼节规则进行精细的研究。倘若一个人的行为举止生硬且笨拙，那么他即使不被鄙视，也会被嘲笑。作为成千上万中国人中唯一一个欧洲人，我不能要求他们拥有德国人讲话时的友好语气。最重要的不是我对中国人的看法，而是中国人对我的看法。[2]
>
> 在中国的传教士必须观察并效仿所有这些客套形式。如果不这么做，便会失去中国人的尊重，被视作一个未受过教育的人。……一道中国菜可以做得随心所欲，但用餐一定要尽可能得体。[3]

---

[1] 参见杨汝福：《中国礼仪史话》，广西民族出版社，1991年，第14页。
[2] Friedrich Wilhelm Leuschner, *Allerlei aus China*, Berlin, 1901, S. 7.
[3] Ebd., S. 9f.

基于对中国礼俗的观察和体认，来氏评价中国人虽表现为极其重视礼节，然而大多只是流于浅表的形式化客套，实则"口不对心"，论批这种形式化的礼节实为民众生活的一种制约与束缚：

> 礼貌是中国人最重要的美德。当然大多数情况下只是嘴上说着亲切、谦虚和友好的话。心里大多不这样想。礼貌是这个民族的缰绳和束缚。总让我心存感动的是，当桌上的吃食连中国人自己都几乎不够吃时，他们还会热情地邀请路人一起吃，仿佛他们真的很认真地想要邀请……当我骑着马想要超过一位步行的中国人……如果遇上的是一位老先生，那我应该说："我这就下马，老先生，您请上马！"[1]

巴陵会传教士对中国礼仪的审视和评判亦是其虔敬主义信仰原则的典型体现，即强调信仰与世俗的疏离，将世俗力量视为宗教信仰的危机来源，正是在这一思维范式下，传教士在考察中国仪式时过多聚焦于信仰层面与基督教不相容的方面，忽视了中国礼俗重要的世俗功能。

---

[1] Friedrich Wilhelm Leuschner, *Allerlei aus China*, a.a.O., S. 8.

— 第六章 —

"异教"符号暴力下的中国人形象

"异教徒"（Heide）概念出自《旧约》，是希伯来单词"gojim"的德文翻译，原意指所有政治和宗教上的非犹太人和不属于以色列人民的人。在现代话语语境下，"异教徒"是一个宗教领域上的贬义概念[1]，指涉所有非基督徒，同时也涵括"缺乏教育与发展"[2]之意，暗指"文化、宗教的低等或堕落"[3]。在东方主义叙事话语中，展现东方"异教徒"的"劣等性"是欧洲中心主义"最突出的特征"[4]，同时也高度符合西方基督徒对东方"异教徒"的普遍想象。萨义德指出："东方人是在一个生物决定论和道德—政治劝谕的结构框架中被加以审视的。东方被与西方社会中的某些特殊因素（罪犯、疯子、女人、穷人）联系在了一起，这些因素有一个显著的共

---

1 在传教史范畴上，"异教徒"还被区分为"命运异教徒"（Heiden aus Schicksal）和"有罪的异教徒"（Heiden aus Schuld）。前者指那些尚未被传讲基督教教义的人，后者指不愿意接受真理信仰的人。

2 Susanne Haverkamp, „Woher kommt der Begriff ‚Heiden'?", https://www.kirchenbote.de/Woher-kommt-der-Begriff-Heiden, Abrufdatum: 06. Oktober, 2020.

3 Giancarlo Collet, „Heiden. IV. Missionstheologisch", in *Lexikon für Theologie und Kirche* (Band 4), Freiburg im Breisgau, 1995, S. 1255-1256, S. 1255f.

4 奈杰尔·拉波特、乔安娜·奥弗林：《社会文化人类学的关键概念》，第13页。

同特征：与主流社会相比，具有强烈的异质性。"[1]这段话切中肯綮地诠释了巴陵会传教士审视中国人的东方主义视角。巴陵会传教手册中，不论是深受男性钳压和迷信裹挟的中国女性，抑或是游离于社会边缘的鸦片瘾者和麻风病患，他们皆为游离于社会边缘的弱势群众，高度符合传教士对"异教徒"的典型想象，"因为他们困苦流离，如同羊没有牧人一般"[2]，他们是传教士想象中游走在深渊边缘的"迷途羔羊"，等待救主耶稣的指引和"拯救"。他们被传教士施以"异教"的符号暴力，充当了传教士凸显中国蒙昧落后，"异教"民众生活晦暗、信仰道德污秽堕落的诠释工具，成为传教士话语体系下以宗教道德之名被肢解的失语者。他们是德国传教士眼中或导致社会失序的危险他者，是基督教视域下灵魂"不洁"和有罪之人。此外，通过对中国饮食文化进行奇观化书写，将中国局部地区个别民众的饮食习俗概约为中国民众的普通惯习，传教士文字中的概括化描述亦表现出典型的东方主义叙事特征。

第一节　中国女性群像：迷信裹挟下的失语者

在传教手册中，为凸显所谓中国昏昧无知、愚妄顽腐、暴戾原始的"异教"国度形象，传教士惯于在买卖女婴为童妻、将妻

---

[1] 爱德华·瓦迪厄·萨义德：《东方学》，第273页。
[2] 《马太福音》9: 36。

女作为资产售卖、杀害女婴等话题上着墨较多。此外，其时的中国女性在婚姻中沦为"繁重工作的奴役"，因追生子嗣而被迷信"裹挟"和"操控"等有关中国女性生活事象的负面书写亦是传教手册中惯常出现的叙事话语。诸如玛丽·肖尔茨的《中国南部的经历与听闻》、黎威廉的《中国女人》和来施那的《中国的生命与死亡图景》均对以上话题有所涉及。文本中，苦难和操劳与中国女性的前半生时刻相随，在跨越生育子嗣的界限之后，摇身一变成为儿媳前半生的苦难施动者，而"当婆婆不再活着，儿媳便立刻以令人钦佩的技巧夺取家庭的统治权"[1]。巴陵会传教士基于对中国家庭关系的表层观察，将女性苦难的缘由之一归因于女性成员对家庭权力的争夺，忽视了当时父权家长制的社会背景，弱化了男性所代表的强势话语权及其对女性的深层钳压和宰制。纵观东西方，男女权利在社会与家庭层面的不平等现象由来已久，中国清末民初时期的性别关系极为失衡，女性长期处于边缘与失语状态，成为男性的附庸。这样的社会现象造就了传教士笔下以生育子嗣为生命目标的中国女性形象，生育子嗣成为女性唯一的自救途径和"最重要的义务"[2]。反之，没有子嗣便是女性"最大的不幸"，"丈夫被迫纳妾……被所有女性鄙视……无法祭祀祖先"[3]，生命了无希望。

为育得子嗣，未受过教育的中国女性时常困囿于生育崇拜的

---

[1] Friedrich Wilhelm Leuschner, *Allerlei aus China*, a.a.O., S. 13.

[2] Ebd.

[3] Ebd.

思想牢笼之中，易被迷信裹挟和操控，亦顺理成章地成为传教士笔下亟待基督救主拯救和开阔智识的蒙昧他者。在传教士话语逻辑下，中国女性先是"异教的"女性，然后才是受男性和社会"极端压迫"[1]的女性，将中国女性悲苦遭遇的社会根源本质潜隐于"缺失基督教福音"的精神信仰原因背后。

巴陵会传教士认为，中国女性是真正寻求"灵魂救赎"[2]和"灵魂安宁"[3]的人，她们是苦难的承受者、肩负重担者和精神贫乏者，又因与佛教、民间宗教的接触更早地了解到罪、重生、赎罪等与基督教相通的宗教概念，在这一意义上来讲，她们是理想的、更易获得信仰"入门"的宣教对象。在传教手册中，逆来顺受、任劳任怨的中国女性形象向所多论，她们从事繁重的体力劳动，对自身处境和命运缺乏思考和反抗。在弗朗茨·胡恩的《无头偶像》和来施那的《中国的形形色色》中皆出现被称呼为"水牛"的中国女性，她们"属于家里，或者说，贫穷家庭的女人属于农田和牲畜厩"[4]。针对这一具有贬损意味的称谓，女传教士洛蒂·科尔斯如是解释道：

中国人自己会用这个名字称呼未受过教育的村妇。事实上，两者是较为相近的：如水牛一般在沼泽地耕犁，耐心、

---

1 Doris Kaufmann, *Frauen zwischen Aufbruch und Reaktion. Protestantische Frauenbewegung in der ersten Hälfte des 20. Jahrhunderts*, a.a.O., S. 161.

2 Marie Scholz, *Buddhistenhimmel und Buddhistenhölle*, a.a.O., Vorwort, S. 3.

3 Ebd., Vorwort, S. 4.

4 Friedrich Wilhelm Leuschner, *Allerlei aus China*, a.a.O., S. 10.

麻木地站在水深处，丝毫不考虑自己。中国的村妇是繁重工作的奴隶。她们自小便习惯性认为，她们就是为劳作而生。脑力训练和思想启发对于她们完全是多余的事情……一个过度劳累、有时近乎麻木的村妇无神而疲倦的双眼，总是不断唤起我深切的怜悯之情，并愈加迫切地希望带给这些女性不同的人生意涵……然而不同之处在于：水牛终其一生都是一只水牛，但中国的农妇只是暂时与这种动物作比。她们能够经历蜕变，收获新生和更加广阔的思想世界，成为内心喜悦的人。[1]

萨义德指出，"东方在实践上被描述为女性的"[2]。作为一种东方主义话语范式，"女性化东方"还表现在对东方男性的女性化描述，试图从性格、行为、责任感、道德约束力等角度塑造东方男性"男性气质"的缺失。巴陵会传教手册中，为凸显女性出嫁后在婆家的艰难处境和激烈的婆媳冲突，文本中女人的丈夫时常是缺位的。传教士对于中国女性勤恳操劳的摹写时常与中国男性缺少男性气质、愚惰无能，对妻与子缺乏责任意识又多贪忌等负面品质形成鲜明对立，正如萨义德所言，东方男性在东方主义话语中时常被"分离出他所生活的整个社群之外"[3]，以一种"带有某种类似于轻蔑和恐惧的情感"[4]被考察，同时表现出传教士试

---

[1] Lotti Kohls, *Die glückhafte Stimme unter den Frauen von Yingtak*, Berlin, 1934, S. 24.
[2] 爱德华·瓦迪厄·萨义德：《东方主义再思考》，第17页。
[3] 爱德华·瓦迪厄·萨义德：《东方学》，第274页。
[4] 同上。

图从不同面向宣说中国作为"异教"东方国家的"异质性、落后性、柔弱性、怠惰性"[1]。作品《无头偶像》即是以工具性女性人物"水牛"对公公无微不至的侍奉为故事开篇,传教士以第三人称的叙述视角,笔触细腻地为德国读者呈现出中国乡村女性的日常概观:

> 在南雄的大和村,村里和家族里最年长的王老汉正揉搓着惺忪睡眼。他可以再安心地等上一会儿,因为还没听见儿媳妇的声音。每天早上将热水端至老先生的床边是她的职责。她已端来刚煮好的茶水,放在带有衬垫的篮子里。老人正想张嘴叫她。"水牛"(儿媳妇的名字)这个词已在嘴边,但是她已经来了。她恭顺地低头问候老人,将洗漱的热水放到竹凳上,旁边也放了一小碗热水,牙刷摆在边上。老人半眯的双眼眨了眨,心中暗想,我们有"水牛"可真好。她不是特别漂亮,但这有什么关系。重要的是,她已生下几个儿子。一个非常好的开端,之后可能还会有更多的男丁。老人的脑海中浮现出无数后代,就像海边的沙。儿媳妇也相当勤快,她沉默寡言,但这同样无关紧要。自从王老汉的妻子走了,她便是这个家的管家。她生下的三个儿子造就了她的家庭地位。她因子嗣而受到尊重,她将福分带到了这个家。[2]

---

[1] 爱德华·瓦迪厄·萨义德:《东方学》,第272页。

[2] Franz Huhn, *Der Götze ohne Kopf*, Berlin, 1937, S. 3f.

第六章 "异教"符号暴力下的中国人形象

就叙述内容而言，传教士以中国男性的视角简明直观地呈现了彼时中国乡村女性的日常生活事象，展现出生育子嗣对女性改善家庭地位和生活处境的重要作用。就叙述层次而言，幼时"以十斤猪肉和一壶米酒的价格"[1]被买到王家的儿媳是家中"不可或缺的劳动力"[2]，虽因生育子嗣而获得"家庭地位"和"尊重"，但依旧与开篇的尽心操劳、恭顺寡言形成强烈的叙述反差，向德国读者传递出"异教"中国女性的生活境遇，即女性因生育子嗣获得的所谓家庭地位，归根结底只是男性"赐予"的表面尊荣，中国男性的社会权力地位及其对女性的钳压是压倒性的，家庭权力的争夺只发生于家庭内部的女性之间。

诚然，女性群体也是传教士较难触及和争取的福音受众。一方面，传教士向她们宣教需克服交往中的性别障碍，"由于中国严格的性别隔离，传教士无法将福音以足够近的距离带给她们"[3]。来施那试图揭露性别隔离的伦理规约背后男性对女性的压制和钳禁：

> 中国女人……不可以和其他男人来往，也不可以在公开场合和自己的丈夫互动。一个中国男人，如果对他的妻子表现出关注或是温存，便会招致极其不好的名声。常常一个生意人长时间外出，在返家途中遇上了自己的妻子，这个人不会看她或是同她交谈，而是和其他男人或孩子聊起一些平常

---

1 Franz Huhn, *Der Götze ohne Kopf*, a.a.O., S. 4.
2 Ebd., S. 5.
3 Wilhelm Rhein, *Die Frauen Chinas*, Berlin, 1902, S. 15.

事。男人和女人的房间也是完全分开的。左侧房间代表更高的地位,因而女性的房间通常在右侧。诸如洗脸盆、碗碟等物件也严格区分。这不只是对女性的歧视,更是意欲表现出中国女性应该深居简出。倘若喜欢和陌生男性攀谈说笑,女人会立刻声名狼藉。据说缠足这种坏习俗的目的即是让女性困坐家中,走动困难。[1]

对于一个"体面的、品性良好的中国女人或是年长的女孩"来说,拜访尚未娶妻的牧师或神父是"荒唐的",即便女子的丈夫陪她一起去,也不可行。[2] 中国男女避讳的性别关系也成为新教传教士驳诘其在欧洲的"异端"老对手——天主教传教方式的武器,同时申明对华派遣女性传教士的迫切需求:

> 我们不能要求一个民族能够如此快速而轻易地摆脱上千年的旧俗传统。对中国,以下判定是确定的:中国的女性必须通过女性来教化。天主教永远不能(在中国)真正地传播开来,因为天主教已经在很多方面侵犯到了中国人。耳语忏悔已被中国人视作可怕的神秘活动,招致他们的极大反感。我认为,基督教的目的并不是要将异国习俗强加给中国民众,而是将基督教信仰带给他们。[3]

---

1 Friedrich Wilhelm Leuschner, *Allerlei aus China*, a.a.O., S. 10f.
2 Ebd., S. 12.
3 Ebd.

第六章 "异教"符号暴力下的中国人形象

对此,传教士来施那颇为戏谑地表示,尽管中国夫妻在公共场合保持距离、彼此疏离,对情爱"表现出漠不关心"[1],但中国的文学作品却出乎意料地以"书写伟大的、荡气回肠的爱情故事"[2]见长,故事情节往往感人至深:"当一个女孩完全不喜欢一个男人时,没人能强迫她嫁给他……连法官都必须帮助她。"[3]

另一方面,中国女性的"思想壁垒"也是传教士需要"攻破"的对象,正如多丽丝·考夫曼(Doris Kaufmann)在《觉醒与反应之间的女性》一书中所言:"中国女性比男性对基督教传教更有抵抗力。传教文学已对这一现象做出广为人知的解释,妇女被描述为更不理性、更加接近黑暗的异教力量的群体。"[4]在传教士叙述逻辑下,中国女性追求子嗣既为改善自身生存处境、提高社会与家庭地位,亦为延续夫家香火、获得祭祀祖先的权利,其思想根源在于对死后世界的"错误认识"。传教士坚称:"只有当中国人意识到,彼岸的永生并不取决于死者坟墓上的祭祀品,宁静与和平才能回归家庭,尤其是回归到女人的心中。"[5]亦即是说,中国女性只有通过基督教教义才可认识到,死后的永生和安宁是通过归信圣道,而非通过生育子嗣和祭祖实现的。

巴陵会传教士对中国女性艰难处境和悲苦命运的载述,与本

---

[1] Friedrich Wilhelm Leuschner, *Allerlei aus China*, a.a.O., S. 11.

[2] Ebd.

[3] Ebd., S. 11f.

[4] Doris Kaufmann, *Frauen zwischen Aufbruch und Reaktion. Protestantische Frauenbewegung in der ersten Hälfte des 20. Jahrhunderts*, a.a.O., S. 141.

[5] Friedrich Wilhelm Leuschner, *Allerlei aus China*, a.a.O., S. 13.

国的性别关系形成显性对照,其直接目的是凸显中国女性亟待福音"救赎",唤起文本受众——德国基督教社群的同情和怜悯,进而获得进一步发展教务工作的支持和资助,向母国差会直接或间接申明对华派遣女性传教群体的必要性和真实需求——"向中国女性传教是受上帝赐福和充满希望的"[1]。萨义德将西方对东方的勾画视作半神话式的话语建构,而"神话并不分析问题也不解决问题……它表述的是已经聚合起来的形象"[2],是东方主义话语在特定功能与结构下对东方的断言与概括,巴陵会传教士对中国女性的表述同样如此。尽管传教士热衷于书写中国特异的性别关系,极力突出因中国"严格的性别隔离"造成的传教阻滞[3],但似乎并无兴趣阐释或探究此种性别关系下,女性受压迫命运的深层动因,诸如彼时中国根深蒂固的父权家长制社会制度、中国乡村日渐贫困化、乡村农业和城市手工业社会秩序的瓦解等社会经济因素,亦未尝试在异国文化语境下对所感知的社会文化现象进行解释和分类。

这一现象不只是存在于传教士的中国女性书写中。许囿于传教手册的文本属性,传教士多以"讲故事"和载述见闻为主,故事背后的深层社会动因与文化内因大多被忽视和回避,唯独将信

---

1 Wilhelm Rhein, *Die Frauen Chinas*, a.a.O., S. 15.
2 爱德华·瓦迪厄·萨义德:《东方学》,第417页。
3 "截至1906年底,在巴陵会华南传教区,每4964名男子中仅有925名妇女。传教士向妇女传福音是非常困难的,往往根本不可能,因此绝对有必要派出更多的女传教士。" Vgl. Karl Fricke, *Bilder aus der Arbeit der Berliner Missionsgesellschaft (Berlin I): Disposition und Literaturangabe für Missions-Studien-Kränzchen*, Halle, 1907, S. 22.

第六章 "异教"符号暴力下的中国人形象

仰与宗教原因着重凸显。比如来施那将彼时中国女性的社会地位低下和生活处境艰难归结为"偶像崇拜和缺乏信仰"[1]，昆祚也强调中国的"迷信和偶像崇拜的力量不会让位于任何外部力量或世俗科学，只能通过救主耶稣的话语来克服"[2]，反复言说基督教的训诲与救度功能是世俗力量无法替代的。德国神学学者格特露德·瓦瑟祖格-特雷德（Gertrud Wasserzug-Traeder）援引新教女传教士汉娜·丽姆（Hanna Riem）的话切中肯綮地反映出传教士群体的叙事心理：

> 不是教育和文明，不是西方女性更高的智慧，抑或是西方男性的高尚思想抬高了基督教国家的女性地位，我们只应将之归功于耶稣基督和他的恩典，如今他对所有人说：去宣扬主在你身上所行的大能。[3]

值得一提的是，在奉行虔敬主义的巴陵会传教士身上，世俗与基督教的扞格表现得格外明显。虔敬主义者认为，欧洲现代性的发展和成果是基督教文明的一部分，但对华传播基督教并不能与对华传播基督教文化混为一谈，甚至要防止已经融合现代性特征的基督教文明成为传教士信仰灵性低落与传教事务世俗化的诱

---

[1] Friedrich Wilhelm Leuschner, *Allerlei aus China*, a.a.O., S. 13.

[2] Adolf Kunze, *Die Macht der Finsternis in China wird durch die Macht des Lichtes siegreich überwunden*, a.a.O., S. 3.

[3] Gertrud Wasserzug-Traeder, *Deutsche Evangelische Frauenmissionsarbeit. Ein Blick in ihr Werden und Wirken*, München, 1927, S. 8f.

导因素。德国虔敬主义神学家古斯塔夫·瓦内克在《新教传教理论》中即明确表达了此种担忧:

> 如果将传播"基督教文化"标记为传教任务,那便是将传教陷于致命的危险之中……基督教文化(得到传播)是基督教传教理所当然的结果。如果将传教的结果与任务混淆,那就意味着用世俗目的取代了神圣的宗教目的。基督教传教的世俗化趋向已从殖民政策带来的经济利益和民族妒忌情绪中汲取了新的养分,中世纪时期将传教滥用于世俗权力的情况再次出现。针对基督教传教士内心世界遇到的世俗化危险,迫切需要澄清传教士的宗教使命。[1]

玛丽·道格拉斯(Mary Douglas)也明确指出了世俗、理性与宗教的对立关系,"世俗化的过程必然与祛魅相伴而行,而祛魅不过就是理性的张扬使笼罩着人们的神秘氛围日渐消散的过程"[2]。这些都在一定程度上为巴陵会"忌惮"与"提防"世俗力量提供了解释。巴陵会并不刻意追求对华输出基督教文化中的现代性因素,向世俗力量趋附被传教士视作影响"传教事业生命力"的行为。何必力表示:"巴陵会会向领洗入教的信徒授以西

---

[1] Gustav Warneck, *Evangelische Missionslehre. Ein missionstheoretischer Versuch* (Band 1), Bonn, 2015, S. 11.

[2] 玛丽·道格拉斯:《洁净与危险——对污染和禁忌观念的分析》,黄剑波、柳博赟等译,商务印书馆,2018年,第xxiv页。

方的文明成就，如果这些成就与基督教用途一致，而不是显示出对于基督教的背离的话。"[1]质言之，奉行虔敬主义的传教士虽主张向弱势群体传布福音，但并非传布"社会福音"。前者强调灵魂的得救，后者在于社会改良和解决肉身处境中的疾苦。

然而，清末民初的中国社会西风正炽，随着民族复兴思想的日渐兴起和西方个人主义与自由思想的不断输入，面对日新月异、变革频发的近代中国和女性不断觉醒的自我意识，传教士敏锐地感知到新教福音在中国民众眼中逐渐失去"唯一救赎"的地位，中国女性艰难的生活境遇有了以"世俗的方式"[2]获得解决的可能性，耶稣基督的恩典渐趋让位于世俗科学，向中国女性传布福音也因此变得更为迫切。

概言之，在巴陵会传教士笔下，中国女性是饱受迷信裹挟的失语者和困囿于生育崇拜、亟须基督教文明开阔智识的蒙昧群体。这些围绕中国女性的陷于定型化、窠臼化的叙事话语或许是对旧有陈词滥调先入为主的预设和"无修正"的继承，并在入华之后的视觉感观与传教实践中被反复深化，但也清楚地呈现出传教士群体以基督教文化为核心的叙事底色及其共有的书写倾向，即文字创作并不为再现真实，而是以服务差传事业为导向。萨义德指出，东方主义者在"女性化东方"之余，亦表现出"用女性

---

[1] Helle Jörgensen, „Zum wechselvollen Verhältnis von Mission und Politik: Die Berliner Missionsgesellschaft in Guangdong", a.a.O., S. 191.

[2] Doris Kaufmann, *Frauen zwischen Aufbruch und Reaktion. Protestantische Frauenbewegung in der ersten Hälfte des 20. Jahrhunderts*, a.a.O., S. 141.

代指东方"的隐在叙事倾向。被塑造的东方女性被赋予了东方主义话语下典型的东方特征,她们是无法自我表达的失语者,正如东方被认为需要被西方表述和拯救。巴陵会传教士对失语的、弱势的、无主体意识的中国女性的细致勾勒即是东方主义话语对东方的女性化描述,以强势的男性意识审视和解读中国,意识背后隐藏的是中德政治权力的强弱关系以及传教士意欲借此树立的强者与优越者形象。

第二节 灵魂与肉体的双重病态书写

一、鸦片瘾者:"迷途羔羊"或"异教恶果"

"在中国,吸食鸦片已靡然成风,鸦片像掠食者一般用锐爪抓紧受害者,将其深深撕裂,直至身体和灵魂皆被摧毁,方将其释放"[1],德国神学家卡尔·米亚特(Carl Mirbt)在名为"作为文化力量的新教传教"的演讲中如是说道,以此呼吁新教福音借助话语和文字"唤醒人民的良知",帮助中国人早日摆脱恶习。

吸食陋习、嗜赌成瘾,是德国巴陵会传教士为"异教徒"之邦——中国所营构的典型社会想象,在宣教手册中多并行出现,

---

1 Carl Mirbt, *Die evangelische Mission als Kulturmacht*, a.a.O., S. 18.

第六章 "异教"符号暴力下的中国人形象

"灵魂堕落者"们甚少择一沾染,他们往往鬻儿卖女、家财荡尽、性命堪虞。巴陵会传教士古斯塔夫·肖尔茨(Gustav Scholz)的信徒故事《基督教旗帜下的忠实斗士》中的阿兵(受洗后名为慕生)被朋友引入歧途,出入赌场和鸦片窟,将辛苦赚到的钱财挥霍荡尽。之后幡然醒悟,远离赌桌,但他极尽心力仍无法彻底戒掉鸦片,身体逐渐羸弱,生活唯剩"工作与烦忧"[1]。

传教士一方面旨在揭示鸦片和赌博对家庭与个人肉体及精神的戕害,表达"警策"之意。另一方面,意欲借鸦片和赌博的恶习表现中国作为"异教"国度的堕落,将中国人塑造为需要被"救赎"的"有罪之人",突出传教士的"拯救者"角色,缺少自持力与理性、自甘堕落的中国人形象是高度符合"异教"徒想象的。在传教手册的信徒故事中,鸦片陋习的描绘便又多出另外一层意涵,即借助对比叙事凸显吸食者与赌瘾者在归信基督教前后,精神与社会生活方面发生的大翻地覆之变化。他们或依托信仰的力量挣脱黑暗的枷锁,或在其他基督徒团体的关爱和鼓励下改邪归正、戒掉鸦片和赌瘾,收获"充满至福永乐、天恩与幸福"[2]的新生,传教士作者亦随着信徒的迷途知返实现了新教福音的功能化想象,同时亦满足了本国读者的"行动欲望"[3],即通过传教故事真切地感受到"异教"民族的苦难,并跟随传教士间接感受在苦难与绝望中收获信徒的喜悦,进而实现文本的信仰教育功能。

---

1 Gustav Scholz, *Ein treuer Streiter unter Christi Fahne*, Berlin, 1913, S. 6f.

2 Ebd., S. 7.

3 Walter Freytag, „Vom Bildungswert der Missionserzählung", a.a.O., S. 240.

不容忽视的是，巴陵会传教士虽将叙事火力对准中国人沉溺鸦片的纵欲之举，却回避了鸦片贸易与帝国主义海外领土扩张以及新教传教之间的微妙关系。鸦片进入中国的过程伴随着西方帝国主义领土扩张，德国传教士群体也在一定程度上参与或助力，尤其是起到"政治工具作用"[1]的德国天主教传教团，"如果没有传教士的开创性工作，德意志帝国的国土扩张就只是纸上谈兵"[2]，德国的殖民统治反之亦为传教士在华教务提供了诸多便利。尽管德国新教传教士积极主张中国禁烟禁毒，建议"德国政府在与中国签订新的条约时坚决要求在中国禁毒"[3]，并参加限制鸦片贸易的国际会议以及有关宣传活动，但这并不阻碍新教传教士借鸦片之名对"异教"中国人进行污名化。巴陵会传教士极力述说鸦片与赌博对中国"异教"徒灵魂的腐化之深，为进一步高扬基督教文明打基铺路，同时亦无法摆脱西方霸权主义意识形态的宰制，无法真正实现差会所追求的传教与政治、信仰与世俗的割裂，其无意识采用的东方主义话语范式正是"某些政治力量和政治活动的产物"[4]，这是受权力庇护的传教士自身所无法超越的。

有关"堕落异教徒"的塑造，除描绘中国人在精神领域极易陷落"恶魔撒旦"之手，坠入赌博与鸦片的渊薮，传教士作者亦试图在行为上"挖掘"中国人品性的负面特征，以佐证中国人作为"异教徒"的劣根性。在政治与殖民话语体系中，欧洲中心主

1　李乐曾：《近代在中国的德国基督教传教团》，第29页。

2　Carl Mirbt, *Die evangelische Mission als Kulturmacht*, a.a.O., S. 6.

3　李乐曾：《近代在中国的德国基督教传教团》，第30页。

4　爱德华·瓦迪厄·萨义德：《东方学》，第203页。

义认为他者"最突出的特征"就是其劣等性。[1] 在《基督旗帜下的忠实斗士》中，广东传教区的传教士古斯塔夫·肖尔茨描述了他在中国工匠身上看到的懒惰怠工："在中国，木匠和泥瓦匠都是有利可图的行当。木匠和泥瓦匠却也是最懒的一类人……如果仔细观察这些人的工作，很多时候都能目睹他们嘴里叼着烟斗蹲着吸烟的场景，时不时地停下吸烟，再接着干活儿。"[2] 之后肖尔茨满含讽刺地描绘了中国工匠的低效拖沓，并试图矮化中国的建筑艺术，批评其缺乏个性设计、千篇一律：

> 如果遇上需要的材料恰巧不在手边，他们会非常耐心，很愿意等待。所以说，这是一份非常舒服的差事，而且这些工作并不复杂。在中国很少有概览图或是设计图……门窗的尺寸，诸如高度和宽度，通常各地都是一样的。如果要盖房了，无须与建筑承包商进一步协商，客户只需说，给我建造一幢房子，三间屋子、两间下房和一个厅堂，建筑师便明白了，也无须花费更多时间去协商工资。[3]

不难看出，肖尔茨对于中国工匠的批评否定是片面武断、有失偏颇的，对中国建筑艺术的认知和理解更是"门外汉"。在传教士话语中，中国人灵魂的堕落还表现在对"圣所"的亵渎

---

[1] 奈杰尔·拉波特、乔安娜·奥弗林：《社会文化人类学的关键概念》，第13页。

[2] Gustav Scholz, *Ein treuer Streiter unter Christi Fahne*, a.a.O., S. 3f.

[3] Ebd., S. 4.

与"污染"。在基督教教义(《利未记》第26章)里,污染"圣所"即是对上帝契约的破坏,会因此受到诅咒与惩罚。传教士将中国庙宇视作中国民间信仰的"圣所",受自身信仰内化的影响,将其感知范围内的寺庙的"无序"与混乱视为对信仰"神圣性"的挑战,是一种对信仰的"污染行为",并予以大肆批驳。玛丽·道格拉斯亦指出,人们对"污染行为"的判断实为"一种反应",是对任何"可能混淆或抵触我们所珍视的分类"的"声讨"。[1] 穆伦贝克·顾尔的《中国的偶像崇拜》记述了传教士眼中的中国寺庙和神灵敬拜习俗:

> 每当我们碰上中国寺庙都会感到失望,因为那里找不到任何神圣和庄严的东西。许多人进进出出呈送供品,富人、穷人、读过书的、没读过书的,他们表现得很虔诚……然而(他们)很快便又拿起烟斗,开始和朋友、熟人以及正在庙门口兜售各式香供、香蜡、纸钱和其他供品的小贩轻松聊上一小时,吵闹异常。没有人在意这个场所的神圣性,人人都毫不克制、随心所欲,有时甚至还会爆发争吵,真正体现了"异教徒的噪音"[2]这个词——对于神

---

[1] 玛丽·道格拉斯:《洁净与危险——对污染和禁忌观念的分析》,第49页。
[2] 在戈特弗里德·恩特曼的《中国传说和童话》序言中同样出现了"异教徒的噪音"这一指称,指涉中国传统节日中秋节节庆中"锣鼓喧天、鞭炮齐鸣"的热闹场面,可见这一带有贬义色彩的定义并不存在特定指向,凡与巴陵会传教士自身文化与宗教认知相抵牾的声音现象即有可能被界定为"异教徒的噪音"。

灵的虔敬荡然无存。[1]

《出埃及记》第25章8—9节中说："又当为我造圣所，使我可以住在他们中间。"从基督教的思想维度看，"圣所"是上帝与教徒互通与联结的媒介。巴陵会传教士用基督教话语逻辑下"圣所"对基督徒的规约来套解寺庙对中国信徒的约束力，在目睹表面的混乱嘈杂后，对中国信徒对神灵的虔诚全盘否定。

道格拉斯表示，《利未记》（15：16—17）阐释了身体不洁的含义，并通过律法强调人体的神圣与不洁和"圣所"的结构具有相似性。"所有对于玷污和不洁的强调都意味着人体与圣所是同源的，相似的。"[2]亦即是说，将"圣所"的神圣与人身体的洁净联系到一起，将身体的污秽化约为对"圣所"神圣性的污染和亵渎，进而延伸为对基督教宗教律法的抵牾。在女传教士玛丽·肖尔茨的儿童读物《可以喜爱中国孩子吗？》中，肖尔茨首先描写了一位中国"异教男孩"林申，形容林申的双腿是："灰黑色的，像灰烬一般"，好似"永远洗不干净"，"如果他没来上学，一定能在某处泥塘里看见他在里面打滚，给鸭子寻找吃食，或是摸一些小贝壳给自己加餐……他的手总是脏的，每次到学校都要先被带走清洗干净"[3]。随后，肖尔茨又摹写了一位出身贫寒家庭的

---

[1] Mühlenbeck Gurr, *Bilder aus dem chinesischen Götzendienst*, a.a.O., S. 2f.
[2] 玛丽·道格拉斯：《〈利未记〉叙事功能：病体救赎与宗教重构》，唐铎译，《百色学院学报》，2013年第4期，第14页。
[3] Marie Scholz, *Kann man Chinesenkinder liebhaben?*, Berlin, 1930, S. 4.

中国女童五仙,她"面容粗犷、衣着简陋",一家人生活在狭小逼仄的房间里,全家人的吃食和猪饲料都在空间极小的厨房里烹煮,"猪、鸡、猫和狗也都住在一起"[1]。这些描写一方面充分表现了中国孩童生活境遇困苦艰难,突出对这一幼龄群体"传布福音"的必要性;另一方面,这些有关中国人肮脏、不讲卫生的记述亦蕴含着一定程度的宗教寓意和精神隐喻。在《圣经》中,上帝用清水洁净以色列人,使其"脱离污秽","弃掉偶像"。在传教士眼中,身体的污秽既隐喻对"圣所"神圣性的侵犯,亦影射精神和灵魂的堕落,中国亦被视作道德污秽的场域,在基督教神学中,污秽是精神灵性堕落的象征,洁净则意味着征服和归化。这些有关中国人肮脏的描述亦进一步加深了中国人污秽、堕落的"异教徒"形象。

二、麻风病患:"道德松懈"与"神义惩罚"

在传教手册中,疾病是中国人特性书写中的一种隐性主题,更是传教士的一种常见书写程式。斯坦利·乔治·布朗恩(Stanley George Browne)在《圣经中的麻风》(*Leprosy in the Bible*,1970)一书中表示,在《旧约》写就之时,麻风病患者被认为是不洁和有罪的,是"犯罪的模型和标志"[2]。《圣经》中,麻风病总共出现65次[3],身患麻风病的人被视作不洁净,"身上有长

---

1 Marie Scholz, *Kann man Chinesenkinder liebhaben?* Berlin, 1930, S. 11.
2 转引自卢健民:《圣经中有关麻风的记载择要及其探讨》,《中国麻风杂志》,1992年第3期,第169页。
3 朱利:《〈圣经〉中的"麻风病"》,《中国麻风病杂志》,2016年第2期,第127页。

大麻风灾病的，他的衣服要撕裂，也要蓬头散发，蒙着上唇，喊叫说'不洁净了！不洁净了'灾病在他身上的日子，他便是不洁净"[1]。而治愈者则被视作洁净，"于是乃缦下去，照着神人的话，在约旦河里沐浴七回，他的肉复原，好像小孩子的肉，他就洁净了"[2]。

在《有关生与死的画面》中，来施那记叙了一位麻风病老者受传教士诊治，通过传教士识得"灵魂的救主"耶稣基督——"一位肉体和灵魂的医生"[3]，成为一名虔诚的基督徒，收获"幸福的慰藉"。经过半年多的治疗，老者"深红色的麻风斑块逐渐变小变白"[4]，基督教信仰日渐深化，"每当他周日听到教堂的钟声，他都会拿起拐棍，穿上补丁最少的衣服，前往教堂"[5]。在这里，麻风病的隐含寓意呼之欲出，伴随着麻风斑块消失的还有老者过往的信仰、思想与文化印记，疾病和异教信仰都是传教士意欲"祛除"的对象，麻风病的康复既暗合基督教对"异教徒"灵魂的洁净与涤荡作用，呼应《圣经》中的麻风病患受耶稣的怜悯和救治获得洁净和康复的宗教故事，又表达了老者旧有信仰被消解，基督教作为一种新的精神信仰在老者思想中生根萌芽的双重意涵。而后，传教士因故离开，复归后惊闻老人已被村民用火

---

[1] 《利未记》13：45—46。

[2] 《列王纪下》5：14。

[3] Wilhelm Leuschner, *Bilder des Todes und Bilder des Lebens aus China*, a.a.O., S. 6.

[4] Ebd., S. 7.

[5] Ebd., S. 6.

"治好",福音的"救度"功能因"异教徒的暴戾行径"[1]而"中道崩殂",并始终强调"上帝的话语"能"触及人心",在老者"充满黑夜与昏暗的生命中","一束永恒的神光已然落下"[2],重申基督教改易人心的力量。

除此之外,在戈特弗雷德·恩特曼撰写的《水牛石的基督徒》中同样出现了一位麻风病患吴爱始。吴曾经是基督徒,"长久以来勇敢地抵抗魔鬼的侵扰"[3],但最后"灵魂疲于抗争,落入魔鬼的圈套"[4]。他不再踏入教堂,传教士和其他基督徒的请求和提醒也不再起作用,他愈发频繁地去往集市兜售商品。其他商贩造谣他身患麻风病,扬言疾病会"通过廉价的商品传染给别人"[5],他将商贩毒打至死,逃到邻居家中躲避官府捉拿,最后在"祭拜偶像的寺庙中"吸食鸦片,了结残生。在这个故事中,麻风病虽只以谣言的形式推动故事发展,但依循传教士的叙事逻辑,吴因信仰疲乏、精神上疏远基督教社群,从而酿下"可怕"恶果,让魔鬼有了"可乘之机":"谁向魔鬼伸出手指,魔鬼便会立刻拉住他的手、身体和灵魂,将他拉向可怕的地狱!"[6]以此警策基督徒坚持信仰,虔信至终。在传教士眼中,吴背离基督教而转向世俗生活,是灵性堕落的表现,与其不幸的结局有着某种直接联系。

---

1 Wilhelm Leuschner, *Bilder des Todes und Bilder des Lebens aus China*, a.a.O., S. 8.
2 Ebd., S. 8f.
3 Gottfried Endemann, *Die Christen von Büffelstein*, a.a.O., S. 23.
4 Ebd.
5 Ebd.
6 Ebd., S. 24.

综之，在传教士话语体系下，麻风病的宗教隐喻功能不言自明，作为一种身体疾病早已脱离原初的基础意涵，升格为带有惩罚性倾向的象征符号，成为一种信仰道德批判。当麻风病与"异教"的中国人发生关联，麻风病又具备了特定的文化与社会意义，它"强烈地象征着中国近代病重的身体"[1]，被认定为"落后文明与劣等民族的特征，或是社会从野蛮渐进到文明过程中的典型疾病"[2]，是"不文明国家的表征"[3]。从文明化角度考量，传教士对中国麻风病患的诊治"自然被认为是白人文明驯化落后文明的最好示范"[4]。中国的麻风病患成为亟待西方医学与现代科学救助的对象，加之麻风病在《圣经》中古来有之的负面宗教意涵，使得传教士在对中国"异教"的麻风病患施加救治之余，也格外强调对病患精神与信仰范畴上的"救赎"，将之纳入自己的说教体系，令病患的身体和灵魂均得到"净化"。

另一值得关注的历史背景是，19世纪后半叶，在有关麻风病的细菌论成为欧洲医学的主流理论之前，麻风病在较长一段时间内被认为是"有色人种因体质和环境因素极易染上并会传及后代"[5]的疾病，也就是与种族主义发生关联，传教士对麻风病有意或无意的提及成为彼时流行于西方的观点——"中国乃麻风病的

---

1 梁其姿：《从癞病史看中国史的特色》，李建民主编：《从医疗看中国史》，中华书局，2012年，第314页。
2 同上，第308页。
3 转引自同上，第314页。
4 同上，第308页。
5 同上，第312页。

温床"——的又一确据。麻风病作为巴陵会传教士强调对华宣教必要性的阐释工具,实现了书写者的言说目的,即中国人需要传教士对其施予灵魂和肉体的双重疗愈与净化,中国人沦为传教士偏见性书写模式下的形象牺牲品,中国作为落后的"劣等异教"民族的污名被迫加强。

在基督教神学中,污秽被当作"精神灵性堕落的象征,身体疾病与道德罪恶被紧紧地捆绑在一起看待,疾病是生命放荡不羁的一个罪恶结果"[1]。在《中国的形形色色》中,来施那叙述其在旅途中曾到一处旅馆歇脚,天气燠热,房东为其端上简单菜饭——猪肉和米饭。传教士随后得知,猪肉"来自一只死去的瘟猪",米饭则是被女房东"布满棉花疮(梅毒)的双手"[2]按压到碗中的。知晓真相的传教士只得用"入口的不能污秽人,出口的乃能污秽人"[3]进行自我安慰。在基督教教义中,溃烂发脓的病例症候是对"有序"的挑战,威胁到人类的健全完整,违背了与身体有关的禁忌——体液溢出,由此引发的身体不洁也是对"圣所"的侵犯。体液溢出,是身体的一种无序表现,与上帝创造的有序世界不符,上帝对水的控制是他至高无上的一种体现。[4]文本中,女人溃烂发脓的皮肤接触售卖的食物,从而将"污秽"进

---

[1] 段宇晖:《洁净的危险——论19世纪美国传教士书信传记中的中国人特性书写》,《中国比较文学》,2019年第4期,第154页。

[2] Friedrich Wilhelm Leuschner, *Allerlei aus China*, a.a.O., S. 7.

[3] 《马太福音》15:11。

[4] 参见玛丽·道格拉斯:《〈利未记〉叙事功能:病体救赎与宗教重构》,第15页。

一步传递，这里的"污秽"具有卫生学与宗教学范畴上的双重意涵。传教士虽未言明其中的因果联系，但读至"瘟疫猪肉""棉花疮"等描述不难联想到其中的逻辑关联，亦即毫无禁忌的饮食习惯，或是身体缺乏纪律的道德弱点导致疾病的产生。苏珊·桑塔格（Susan Sontag）在《疾病的隐喻》一书中论及，梅毒早期被认为是"上帝最初为惩罚人类的普遍放荡而降下的疾病"[1]，和麻风病一起被视作"群体性的入侵"和"对共同体的审判"[2]。因"任何与不洁的接触都会通过人之间的接触被无限传播"[3]，从而形成个人或集体罪愆的"报应"。

综之，疾病种类万千，而传教士似乎更加"偏爱"诸如梅毒和麻风病这类既蕴藏宗教性指向，又暗含集体性指摘和批判的疾病类属（传教手册中其他关涉患病的人物和情节只使用"生病""患病""重病"等泛化概念，鲜少出现具体的疾病名称），两者均具有传染性，意指疾病受众的普遍放纵、道德松懈以及神意的惩罚和报应，即试图在对疾病的想象与"异教"他者的想象之间营构出某种暧昧关联，暗合污秽与"异教"、"邪恶"与"非我"的结构观，正如桑塔格所言："被判定为邪恶的人总是被视为或至少可能被视为污染源。"[4]事实上，直至今日，将某种特定疾病道德化的行为依旧存在。

---

1 苏珊·桑塔格：《疾病的隐喻》，程巍译，上海译文出版社，2018年，第129页。
2 同上，第128页。
3 玛丽·道格拉斯：《〈利未记〉叙事功能：病体救赎与宗教重构》，第14页。
4 苏珊·桑塔格：《疾病的隐喻》，第131页。

第三节　饮食文化他者：
从"饮食不洁"到"灵魂污秽"

在基督教教义中，圣洁与罪恶是一组对立的概念。"服从上帝并做出符合神意的行为视为圣洁。如果人自身不洁或接触不洁事物就象征罪恶。"[1]传教士除在中国民众的品性人格上努力寻找"异教徒的堕落"特征，亦试图从饮食习惯中发现中国人的"不洁"与污秽。

来施那对中国饮食文化的认识和反应是极具矛盾性的。他一方面称赞中国菜菜式丰富、味道可口，"所有的菜肴大体上都能烹饪至极致"，"相同的食材，中国的烹饪方式就比德国的或是英国的更有食欲"[2]；另一方面则毫不掩饰地表现出对中国食材的鄙夷与拒绝。为了适应在华生活，更为深度地了解中国人的思维方式和生活惯习，来施那在一位"上层社会、博学的"中国布道士家里用餐，端坐桌旁的来施那"强行压制住所有不断翻涌的恶心感，学习操控筷子，甚至是咂嘴的动作"[3]，在表达自身努力进行文化调适的同时流露出勉强和嫌恶。

玛丽·道格拉斯在其"最有影响力""最为人所知"[4]的人类学著作《洁净与危险——对污染和禁忌观念的分析》中表示，感

---

[1] 任继愈：《宗教词典》（修订本），上海辞书出版社，2009年，第118页。
[2] Friedrich Wilhelm Leuschner, *Allerlei aus China*, a.a.O., S. 4.
[3] Ebd., S. 5.
[4] 玛丽·道格拉斯：《洁净与危险——对污染和禁忌观念的分析》，第 xiii 页。

知者会从感知范畴内的一切"刺激物"中筛选出"感兴趣的",而兴趣是由"创造模式的倾向"所决定的。[1] 来施那对中国人饮食习惯的描述有意回避了常见食材的取用,挑选对其"感知范畴"发出刺激与挑战的原料食材加以局部放大和妖魔化书写,选择性记述中国人"不加禁忌"地食用虫子、蜗牛、猫、鳄鱼、蛇、狗、老鼠等[2]饮食习俗:烹煮过的蜗牛有"很重的泥土味",而中国人却吃得"津津有味";"我请求不要将蛇肉和狗肉端上桌;但它们绝有可能被冠以其他浮夸的名字做成食物。一位中国人用二十只幼小、还未长毛的老鼠制成一道无比美味的菜肴,这些老鼠是我从床垫中取出来的……中国人真的什么都吃,地上爬的、天上飞的,各种形式的动物尸体"[3]。在传教士奉行的基督教教义中,并非所有可食用物皆是洁净的,不被《圣经》允许的食物即为污秽。在传教士思维逻辑下,"污秽冒犯的是秩序。去除污垢并不是一项消极活动,而是重组环境的一种积极努力"[4]。萨义德在《东方学》中援引克洛德·列维-斯特劳斯(Claude Levi-Strauss)的话阐释大脑在面对外部纷扰与冲击时的处理倾向:大脑需要秩序,通过区分和观察将大脑意识到的每一样事物分类,并重新置于安全空间内,使之容易被旧有的规则和分类体系所辨

---

[1] 玛丽·道格拉斯:《洁净与危险——对污染和禁忌观念的分析》,第49页。
[2] 古时的广东人相信蛇、猫、狗等都是对身体有益的动物,可用于滋养补身,习惯于将蛇雅化称龙,将猫雅化称虎等。
[3] Friedrich Wilhelm Leuschner, *Allerlei aus China*, a.a.O., S. 5f.
[4] 玛丽·道格拉斯:《洁净与危险——对污染和禁忌观念的分析》,第14页。

认。[1]传教士对中国新异的饮食惯习的处理即是以基督教文化和西方现代文明为参照坐标,将熟悉的地方称为"我们的",不熟悉的地方或对象称为"他们的",对相异之处进行"任意的"归类与定性。"任意"即暗指被书写的对象无须对分类加以确认。[2]

相似的情节同样出现在黎威廉的《中国女人》中。黎氏表示,在中国这个"奉行物质主义的国家"[3],吃喝是尤为重要的,并展示了中国婚礼宴席上足让德国读者瞠目结舌的菜单:

> 第一道上桌的菜可能是海蜇,第二道是幼犬,第三道炖猫肉,第四道干牡蛎,第五道鲨鱼鳍,第六道懒鸡蛋,第七道蠕虫,第八道墨鱼,第九道蜗牛,等等;但最后一道菜永远都是极受欢迎的、被烤制得相当辛辣的猪肉。[4]

毋庸讳言,传教士摘取的有关中国饮食惯习的画面是反常的,超越了传教士的原有认知,对于这些反常现象与惯俗的处理则选择了"只感知要去批判的东西"[5],将局部区域的集体文化作为中国整体饮食文化的代表进行"奇观化"[6]书写,而对习俗表象背后的文化归因和更为普遍的主流饮食文化避而不谈。概言之,

---

1 爱德华·瓦迪厄·萨义德:《东方学》,第69页。
2 同上,第69—70页。
3 Wilhelm Rhein, *Die Frauen Chinas*, a.a.O., S. 8.
4 Ebd., S. 8ff.
5 玛丽·道格拉斯:《洁净与危险——对污染和禁忌观念的分析》,第51页。
6 电影学术语,指呈现生活中较不常见的事物。

第六章 "异教"符号暴力下的中国人形象

传教士对他者饮食文化的考察潜藏着特定的价值标尺，当《圣经》不再能提供对与错的决断，客观上的可食用性与不可食用性已不再重要，传教士个人的饮食惯俗成为新的评判尺度，构筑中国与西方的对立。

"鸡内脏""蛙""海鱼"及"其他海洋动物"等不常出现在西方人餐桌上的食材"被中国人烹制成味道鲜美的菜品"，这些食材却"未在德国引起关注"，这正是"德国穷人可以从中国人身上学到的……穷人其实能用之做出美味的配菜"[1]。可见，"美味"的中国菜和中国食材虽可为德国饮食结构提供补充与参考，但也只是为德国穷人阶层所设，难登大雅之堂，巴陵会传教士有关中国人饮食文化的论说呼应了人类学家彼得·梅森（Peter Mason）的观点：将"对自身社会内部的他者的想象"投射到异土他者的"奇异的"经验之上[2]，即将作为他者的中国民众措置于传教士自身社会的低等阶层位置。

在基督教宗教律法中，触碰尸体被视为"不洁"。来施那在文中表示，如果在德国想摆脱一只死去的动物就必须要付钱，而中国人却愿意花钱将其买走[3]，重复强调中国人对动物"尸体"和触碰"不洁"的不避讳，以此在基督教话语逻辑下给中国人打上"污秽"的烙印。

综之，巴陵会传教士试图将现代文明话语中的卫生观与基督

---

[1] Friedrich Wilhelm Leuschner, *Allerlei aus China*, a.a.O., S. 4.
[2] 奈杰尔·拉波特、乔安娜·奥弗林：《社会文化人类学的关键概念》，第11页。
[3] Friedrich Wilhelm Leuschner, *Allerlei aus China*, a.a.O., S. 6.

教宗教话语中的"洁净"概念相勾连,在卫生学和宗教学的双重范畴下批驳中国饮食文化中的"不洁",以体现中国在现代文明发展进程中的落后与中国"异教徒"灵魂的堕落,凸显中国人在日常饮食惯习上表现出的"异教徒"特征。异文化感知者会在感知范畴内的刺激物中挑选出感兴趣的对象,兴趣是由既定的图式所统领[1],阐述的基础在于想象,因而被传教士优先感知到的反常惯习便成了可供批判的客体。传教士试图将其有限的感知范畴内的个体饮食行为泛化为中国饮食文化的整体特性,对相异的饮食习惯加以歪曲,被关注和书写的皆是"在感知行为中被事先选定和组织起来的"对象。

对中国饮食文化的奇观化书写与排斥性批判或许能满足德国读者的好奇心,达到吸睛的目的,却无疑在一定程度上加深了德国人对中国"异教徒"品性野蛮、灵魂污秽的负面想象和认知。如果说文化是将一个群体的"价值观标准化"[2],那么传教士对中国人饮食文化的审视与书写便是基于自身价值观标准和客观经验的主观再现和想象加工,其叙事话语既包含中国饮食的既有负面套话,又糅合了中国文化的新异特质。萨义德在其东方主义理论研究中强调,尽管东方的"特异性"时常难以避免地被东方主义话语进行一般意义范畴内的归类和定义,但东方的"特异性"却有其自身存在的"价值","东方成了怪异性活生生的戏剧舞

---

1 参见爱德华·瓦迪厄·萨义德:《东方学》,第49页。
2 同上,第51页。

台"。[1]巴陵会传教士对中国饮食的"奇观化"书写，使中国成为被德国读者"用其感受力居高临下地"注视、"观看"的对象。

此外，以上中国人形象塑造的另一显性目的是与归信圣道的中国基督徒形成鲜明对立。传教士笔下的男性基督徒从不会待妻如婢妾，女基督徒即便生活并未真正获得改善，也要突出其如何高贵平和地忍受苦难，昔日的鸦片瘾者在传教士和基督教的感化下悔罪，改过迁善、清还负债、宽待怨仇，成为"异教徒"中间的行为楷模，以此突出基督教的精神力量及其对人们行为、重建精神世界的影响力。然而，许囿于传教手册有限的篇幅，传教士笔下悔罪归道的"异教徒"的品格转变大多突兀生硬，缺少必要的理性思辨与人物成长历程。除女性、鸦片瘾者和麻风病患以外，传教手册亦着墨载述了渴望福音的中国儿童、归信圣道的中国信徒和隐去姓名的、喧闹熙攘的"扎堆民众"，归教的中国信徒是传教士工作成果的直接呈现，渴望福音的中国儿童形象是为德国儿童读者的宗教教育服务的，吵嚷的"扎堆民众"可唤起西方民众对东方国家的"黄祸"想象[2]，可见，传教士的叙述倾向无不潜隐着含而不露，却又呼之欲出的书写目的。

---

[1] 参见爱德华·瓦迪厄·萨义德：《东方学》，第235页。

[2] Doris Kaufmann, *Frauen zwischen Aufbruch und Reaktion. Protestantische Frauenbewegung in der ersten Hälfte des 20. Jahrhunderts*, a.a.O., S. 159.

结 语

近现代德国来华传教士作为中德，乃至中欧文化与文学交流的"先行者"和"中间人"，撰写了数量庞杂、主题多样的德语文献。这些丰富的文字资源为汉学研究者留下诸多"考古空间"，具有宝贵的史料价值。19世纪末至20世纪上半叶，作为近代最早来华传教的德国新教团体之一，巴陵会刊行的宣传小册、以中国见闻为故事样本的文学作品和中国神话传说故事集等，是深受德国读者欢迎的传教读物，成为承载特定宣传功能的"大众文学"[1]。

传教士的文字是承载政治权力、知识权力、文化权力、道德权力的东方主义话语产物，是充满中德文明二元对立的教条式印记的叙事话语。在欧洲社会变革频发、基督教权威日渐式微以及民众信仰遭遇危机的时代背景下，基督教和西方现代性文明是德国巴陵会在华传教士确证自我文化身份的主要标志。在传教士的东方主义话语体系下，"异教的"中国是处于基督教文明对立面的"被拯救者"，亟待借助福音从所谓"撒旦"统治的"黑暗"

---

[1] Lydia Gerber, *Von Voskamps „heidnischem Treiben" und Wilhelms „höherem China". Die Berichterstattung deutscher protestantischer Missionare aus dem deutschen Pachtgebiet Kiautschou 1898-1914*, a.a.O., S. 20.

中挣脱，引入基督教文化的"光明"之中。在德国巴陵会馆藏文献中，德国巴陵会传教士常以想象或虚构的方式塑造中国，对中国文化传统加以异化或歪曲，以实现其特定的书写目的与传教利益，展现出极强的信仰侵略性和宗教优越感。中国作为"异教之邦"和信仰、文化等多面向的意识形态他者，成为德国传教士笔下反衬基督教文明优越性的灰暗底色，为西方现代性的自我认同提供想象的基础。随着巴陵会出版物在德国乃至欧洲的发行与传播，传教士固化了有关中国的想象书写，将中国"黑暗蒙昧"等"异教"特征进一步标本化，部分负面形象直至当下仍在德国和欧洲持续作祟。

萨义德在其东方主义理论研究中表明，东方是由西方建构、用以界定自我文化身份的参照对象。在东方主义虚构、想象与真实杂然并呈的叙事话语下，东方被类型化和典型化，最终形成根深蒂固的负面叙事套话。在德国巴陵会馆藏文献中，传教士采用的叙事策略与其书写目的紧密勾连。巴陵会传教士惯用对比的叙事手法，在中国"异教徒"、德国传教士与中国基督徒之间设置对立与分野。一方面，试图通过对比的叙事手法凸显中国"异教徒"与基督徒处理相类事件的迥异方式，以此强调基督教作为精神力量对灵魂和行为的涤荡作用，夯实基督教文化的优越地位。另一方面，传教士意欲将其在华遭遇的诘难与腹诽与《圣经》故事做比附，以表现对救主耶稣的神圣效法，借此自我美化、为传教造势。中国神话蕴含着中国文化的基本表达范式，规约着中国人的社会生活，对中国神话传说与民间故事的解读被巴陵会传

结 语

教士视作考察中国人自然观、思维方式乃至人格脾性的有效途径。然而中国神话体系庞杂，理解和品读中国神话要求鉴赏者对中国历史与文化底蕴拥有一定知识储量，但大多数传教士对中国历史文化所知有限，加之传教士无意识的基督教文化本位主义视角，其"一厢情愿"的诠释与解读往往存在错位、偏误与情节上的缺省，抑或仅从中国神话的故事层面做出较为浅显的评价，致使中国神话传说在异化与西传的同时，成为传教文学训谕功能下的牺牲品，较难以原貌落地西方。值得一提的是，随着入华时间渐长，和士谦等巴陵会传教士亦在其文字创作中逐渐融合中国文学的叙事元素和审美特征，如诗歌的译介、古籍训语的征引等，传教士的译笔使《诗经》、中国古代诗歌等中国经典文学文本得以在西方传衍，虽在很大程度上欲借思想内核相通的中国典籍为基督教教义增添脚注，但也透露出传教士自身文化中心主义的松动，不断展现出中西方文化融合倾向。

在对中国信仰的书写中，德国巴陵会传教士通过建构一个宗教上供其相食的信仰他者，将在华遭遇的传教阻滞，中国社会裹足不前、民众智识未开等社会事象归咎于基督教的缺席和"异教"信仰对民众思想的长期"占领"。德国巴陵会传教士对中国"异教信仰"的体察与描述，清晰地透射出基督教唯"耶"独尊的信仰好斗性，以及传教士欲以基督教作为唯一真理在中国"屠龙"和驱散"黑暗"的宗教侵略意图。文本中，德国传教士化身为高举十字架旌旗的"先锋斗士"，意欲用基督教"纯洁的道德训谕"取代中国的"异教"信仰。在中国文化中，龙是重要的文化标识与精神象征，而在早期基督教思想中，龙寓意"异教"和邪恶，不管是外在形貌抑或文化肇端，无不确证基督教中的龙与中国龙并非指涉同一种象征物。然而为便于对中国龙的妖魔化书写，巴陵会传教士不加区别地直接承袭了龙在《圣经》中的负面意涵，将之论批为"地狱的野兽"和"撒旦的象征"，中国龙所彰显的自然权力与社会权力被弱化和芟夷，中国文化中原本降福呈祥的龙在传教士笔下褪去了神异的色彩。此外，以龙为核心的风水文化被巴陵会传教士视作钳制中国民众精神生活的锁链，传教士意欲批驳的对象实为中国民众精神信仰中对自然力的"过度神化"，这阻碍了基督教对中国"异教"民众施以精神洗礼。

儒学伦理被德国新教传教士视作"解码"中国人的钥匙。巴陵会传教士一方面努力挖掘儒学与基督教教义的相通之处，从儒家典籍中摘章引句，以佐证和支撑传教话语，提高受众对基督教教义的接受和认同。另一方面将儒学与基督教对举，指出儒家义理不具备基督教救度他人的功能，呈现出压制儒家义理的倾向，显现出东方主义话语的隐性书写范式——将自我置于他者之上，以实现虚化和消解他者，达到强化自我的目的。此外，巴陵会传教士着墨较多之处在于论说儒学对中国社会发展的阻滞影响，虽构筑了中国民众的深层文化自信，但亦导致民众思想僵化，精神独创性被抑制。中国民众因守持儒学传统，对基督教文化及其所谓进步的思想与社会"改造"持拒斥态度，对基督教现代性所自封的"新生力量"漠然视之，这正是在华传教士极力批驳并意欲改变的局势和处境。

结　语

　　如果说儒家伦理在思想上造成了巴陵会传教士的传教阻滞，具有完整宗教属性的佛教则是传教士眼中与之争夺信徒的有力竞争对象。在巴陵会来华传教士所著的文献中，佛教僧侣术士时常被丑化，佛教的宗教思想被论评为"匮乏"和"枯窘"，佛教相关的宗教元素让传教士感知到异教"信仰"文化的剧烈冲击，浇筑着"最疯狂的亚洲想象力"的佛教器物在传教士眼中呈现为可怖的异托邦异象，在异土他乡感知到的文化与信仰碰撞被传教士归因为"魔鬼撒旦的侵扰"。综之，不论是佛教教理层面的内涵深度，抑或是佛堂寺庙建筑美学层面的外观设计，在传教士话语体系下，佛教皆未能作为一个具有同等价值的异国宗教被等量齐观，而是倾向于将一切非基督教的置于基督教的对立面。事实上，经历第一次世界大战的德国乃至欧洲世界彼时已现颓势，西方来华传教士本该失去原本的文化中心主义和欧洲中心主义论调，逐渐转为对中国文明与经典古籍的欣赏与肯定，但19、20世纪来华的德国巴陵会传教士的中国书写并未展示出明显差异，仍然惯于用自身的信仰逻辑套解他者的宗教思想体系。可见，他国形象的体认和再现更多与传教士个人的诠释方式、感知意愿及价值评判标准紧密相关。

　　在有关中国仪式的叙事中，德国巴陵会传教士对中国传统仪式的描摹多为浅表的现象载述和主观的感性体认，鲜少探讨相关仪式习俗所承载的伦理价值和社会功能。传教士对中国丧葬习俗的论述主要表现为两种叙事倾向。其一，从社会人类学角度审视和传递中国社会文化信息，细致呈现中国丧葬习俗的相应典礼仪规。其二，颇具文明教化意味地将丧葬习俗作为与基督教现代文明激烈冲突的"陋俗事象"加以阐释，将其评价为交织着"迷信"的烦琐仪式。在德国巴陵会传教士眼中，敬拜偶像和祭祀祖先亦是具有原始宗教特征的"迷信"仪式。传教士或从宗教人类学角度将盛行于中国民间的偶像崇拜概括为神明与鬼怪崇拜、英雄崇拜和动物神崇拜三种类型，或从民俗学与文化学视角，笔重墨浓地将中国民众的祭拜偶像习俗融于对中国传统节庆岁时与传说故事的介绍之中，生动再现中国人庆祝节日的热闹场景和涵括于节日中的礼俗仪规，展现了中国民众的浪漫情怀与对待信仰的虔敬态度。

传教士对中国祖先祭拜礼俗的论调是矛盾的，一方面肯定礼俗中敬拜父母、感怀先人的优良传统，另一方面则直言应剔除祭祖习俗中对祖先的神性敬崇。在传教士看来，祭拜者通过祭拜和祈福的仪式赋予祖先"虚假神性"以及与上帝相似的超自然力量，将恩赐和庇护归属祖先被传教士认为是对"上帝荣耀"的损害，因而被传教士视作一种神权僭越，予以激烈批驳。事实上，巴陵会传教士对中国礼仪的审视和评判亦是其虔敬主义信仰原则的典型体现，即强调信仰与世俗的疏离，将世俗力量视为宗教信仰的危机来源，正是在这一思维范式下，传教士在考察中国仪式时过多聚焦于信仰层面与基督教不相容的元素，忽视了中国礼俗重要的世俗功能。

在对中国人形象的塑造中，德国巴陵会传教士化身"西方道德英雄"，以宗教道德之名矮化中国人，将"异教徒"的符号暴

结　语

力加诸中国人，使之沦为失语的、亟待被赢取和拯救的对象。总体而言，传教士的笔墨较多聚焦于中国女性群体和游离于社会边缘的弱势民众——鸦片瘾者和麻风病患。在巴陵会传教士话语逻辑中，中国女性是积极寻求灵魂安宁、亟待开启智识的蒙昧群体，又因思想混沌迷茫，多以偶像崇拜和迷信为精神寄托，其生活方式呈现出"堕落""晦暗"等典型的"异教"特征，迫切渴求灵魂安宁，因而是传教士眼中理想的宣教对象。女婴被买卖为童妻，成婚后成为"繁重工作的奴隶"，因追生子嗣而被迷信"裹挟"和"操控"等有关中国女性生活事象的负面叙事是巴陵会传教士的中国书写中惯常出现的叙事话语。这些陷于定型化、窠臼化的叙事话语是巴陵会传教士对旧有陈词滥调先入为主的预设和"无修正"的继承，并在入华之后的视觉感观中被反复深化。巴陵会传教士对中国女性悲苦命运的反复宣说也传递着亟须派遣女传教士来华宣教的舆论宣传目的。清末民初的中国社会西风正炽，女性艰难的生活境遇有了借由社会革新等世俗方式获得解决的可能性，基督教的救赎力量渐趋让位于世俗科学，女传教士正是缓解中国严格的男女隔离制度造成的传教阻滞的有力帮手。鸦片瘾者完美贴合传教士想象中游走于深渊边缘、等待"牧人"耶稣指引和拯救的"迷途羔羊"形象。在传教士的叙事话语下，"灵魂污秽"与"道德堕落"是"异教徒"区别于基督徒的显性特质，吸食陋习是传教士为"异教"国家构筑的典型社会整体想象。巴陵会传教士笔下的鸦片瘾者往往鬻儿卖女、家财荡尽、性命堪虞，堕落者悲惨的个人命运被作者简单等同为"异教

209

徒"的恶果。此外，将特定的疾病道德化是东方主义话语的隐性范式。在传教士话语体系下，疾病是对"异教的"中国人"灵魂堕落""道德松懈"的"神义惩罚"，是针对集体罪愆的"报应"。麻风病在基督教中拥有"不洁"和"有罪"的隐含寓意，是带有惩罚性倾向的象征符号，指向一种信仰道德批判，加之其曾被西方认为是有色人种的易染疾病，因而在宗教隐喻之外，巴陵会传教士对中国麻风病患的"特别观照"也在一定程度上透射出种族主义叙事倾向。概言之，传教士有目的性地拣选中国特定群体加以形象塑造与"去道德化"加工，试图将"特定群体"泛化为中国整个民族的缩影，其文字创作并不为再现真实，而是以服务差传事业为导向。

萨义德指出："文化对待它所能包含、融合和证实的东西是宽容的；而对它所排斥和贬低的就不那么仁慈了。"[1] 巴陵会传教士因宣教士身份和深刻的宗教内化，同时杂糅了德国现代性文化的既有视角，长期在异质宗教与文化的交叉视域下感知中国，其文字呈现出文化与信仰的双重异质性和排他性，不断展现出东方主义的典型话语范式。但与此同时，德国巴陵会传教士的中国叙事亦在一定程度上逾越了萨义德所批判的东方主义的单一同质性结构，诸如和士谦、昆祚、戈特弗里德·恩特曼等传教士，通过对中国古典文学和神话传说的探索与赏鉴，以及对中国篇章古籍旨趣与美学的还原和再现，积极建构中西方之间的互动与联通，为当时的德国读者提供了遥看中国的另一种文化视域。

---

[1] 萨义德：《文化与帝国主义》，李琨译，生活·读书·新知三联书店，2003年，第17页。

·参考文献·

外文文献

1. Bodenstein, Roswitha: *Die Schriftenreihe der Berliner Missionsgesellschaft*. Berlin: Berliner Missionswerk, 1996.
2. Bräuner, Harald; Leutner, Mechthild: „Im Namen einer höheren Gesittung! Die Kolonialperiode, 1897-1914". In: Leutner, Mechthild; Yü-Dembski, Dagmar (Hrsg.): *Exotik und Wirklichkeit—China in Reisebeschreibungen vom 17. Jahrhundert bis zur Gegenwart*. München: Minerva-Publikation, 1990.
3. Chang, Carsun: *Richard Wilhelm, der Weltbürger*. In: *Sinica* 5 (1930).
4. Collet, Giancarlo: „Heiden. IV. Missionstheologisch". In: *Lexikon für Theologie und Kirche* (Band 4). Freiburg im Breisgau: Herder, 1995.
5. Demel, Walter: *Als Fremde in China. Das Reich der Mitte im Spiegel frühneuzeitlicher europäischer Reiseberichte*. München: De Gruyter Olderbourg, 1992.
6. Endemann, Gottfried: „Ki-ma-tong": *ein Bild aus der Missionsarbeit in Süd-China*. Berlin: Buchhandlung der Berliner evangelischen Missionsgesellschaft, 1922.
7. Endemann, Gottfried: *Aus dem Leben eines chinesischen Mädchens*. Berlin: Buchhandlung der Berliner evangelischen Missionsgesellschaft, 1913.
8. Endemann, Gottfried: *Die Christen von Büffelstein*. Berlin: Buchhandlung der Berliner evangelischen Missionsgesellschaft, 1912.
9. Endemann, Gottfried: *Durch Nacht zum Licht: Lebensschicksale eines bekehrten Chinesen*. Berlin: Buchhandlung der Berliner evangelischen Missionsgesellschaft, 1913.
10. Endemann, Gottfried: *Geschichten aus China*. Berlin: Buchhandlung der Berliner evangelischen Missionsgesellschaft, 1913.
11. Endemann, Gottfried: *Ich suche meine Brüder*. Berlin: Buchhandlung der Berliner

evangelischen Missionsgesellschaft, 1925.
12. Endemann, Gottfried: *Morgenrot im Zung-fa Gebiet*. Berlin: Buchhandlung der Berliner evangelischen Missionsgesellschaft, 1914.
13. Endemann, Gottfried: *Sagen und Märchen aus dem Reiche der Mitte*. Berlin: Buchhandlung der Berliner evangelischen Missionsgesellschaft, 1912.
14. Endemann, Gottfried: *Wie aus einem Knecht des Teufels ein Gotteskind wurde*. Berlin: Buchhandlung der Berliner evangelischen Missionsgesellschaft, 1913.
15. Endemann, Gottfried: *Wie zwei Chinesen den Heiland fanden: Eine Missionsgeschichte aus Südchina*. Berlin: Buchhandlung der Berliner evangelischen Missionsgesellschaft, 1921.
16. Franke, Elisabeth: *Lizun, eine junge Christengemeinde in China*. Berlin: Buchhandlung der Berliner evangelischen Missionsgesellschaft, 1906.
17. Franke, Wolfgang: *China und das Abendland*. Göttingen: Vandenhoeck & Ruprecht, 1962.
18. Freytag, Mirjam: *Frauenmission in China. Die interkulturelle und pädagogische Bedeutung der Missionarinnen untersucht anhand ihrer Berichte von 1900 bis 1930*. Münster: Waxmann, 1994.
19. Freytag, Walter: „Vom Bildungswert der Missionserzählung". In: *Vom Dienst an Theologie und Kirche. Festgabe für Adolf Schlatter zum 75. Geburtstag 16. August 1927*. Berlin: Furche-Verlag, 1927.
20. Frick, Heinrich, *Die evangelische Mission. Ursprung, Geschichte, Ziel*, Bonn, 1922.
21. Fricke, Karl: *Bilder aus der Arbeit der Berliner Missionsgesellschaft (Berlin I): Disposition und Literaturangabe für Missions-Studien-Kränzchen*. Halle: Wischan & Burkhardt, 1907.
22. Gerber, Lydia: *Von Voskamps „heidnischem Treiben" und Wilhelms „höherem China". Die Berichterstattung deutscher protestantischer Missionare aus dem deutschen Pachtgebiet Kiautschou 1898–1914*. Gossenberg: Ostasien Verlag, 2008.
23. Gründer, Horst: „Liberale Missionstätigkeit im ehemaligen deutschen„ Pacht-Gebiet" Kiautschou (China)". In: *Liberal* 22 (1980).
24. Gründer, Horst: *Christliche Mission und deutscher Imperialismus: Eine politische*

Geschichte ihrer Beziehungen während der deutschen Kolonialzeit (1884‑1914) unter besonderer Berücksichtigung Afrikas und Chinas. Paderborn: Schöningh, 1982.

25. Gurr, Mühlenbeck: *Bilder aus dem chinesischen Götzendienst.* Berlin: Buchhandlung der Berliner evangelischen Missionsgesellschaft, 1910.

26. Haverkamp, Susanne: „Woher kommt der Begriff „Heiden"?" https://www.kirchenbote.de/Woher-kommt-der-Begriff-Heiden, Abrufdatum: 06. Oktober, 2020.

27. Hinz, Hans-Martin; Lind, Christoph (Hrsg.): Tsingtau. Ein Kapitel deutscher Kolonialgeschichte in China 1897‑1914. Berlin: Deutsches historisches Museum, 1998.

28. Hirsch, Klaus: Richard Wilhelm. Botschafter zweier Welten. Sinologe und Missionar zwischen China und Europa. Düsseldorf: IKO-Verlag für Interkulturelle Kommunikation, 1973.

29. Hopster, Norbert u.a.: *Kinder- und Jugendliteratur 1933‑1945. Ein Handbuch. Band 2: Darstellender Teil.* Stuttgart: Verlag J. B. Metzler, 2005.

30. Hsia, Adrian: „Chinesien. Zur Typologie des anderen China in der deutschen Literatur mit besonderer Berücksichtigung des 20. Jahrhunderts". In: *Arcadia* 25 (1990).

31. Hubrig, Friedrich: *Der Evangelist Sung-en-phui.* Berlin: Buchhandlung der Berliner evangelischen Missionsgesellschaft, 1903.

32. Hubrig, Friedrich: *Der Krüppel Ho-a-ngi-pak, eine Lichtgestalt aus der China-Mission.* Berlin: Buchhandlung der Berliner evangelischen Missionsgesellschaft, 1901.

33. Hubrig, Friedrich: *Li-tschung-yin, ein treuer Zeuge in der chinesischen Mission.* Berlin: Buchhandlung der Berliner evangelischen Missionsgesellschaft, 1902.

34. Huhn, Franz: *Der Götze ohne Kopf.* Berlin: Buchhandlung der Berliner evangelischen Missionsgesellschaft, 1937.

35. Huhn, Franz: *Im Tempel des Panggu.* Berlin: Buchhandlung der Berliner evangelischen Missionsgesellschaft, 1937.

36. Huhn, Franz: *In der Teehütte.* Berlin: Buchhandlung der Berliner evangelischen Missionsgesellschaft, 1937.

37. Jörgensen, Helle: „Zum wechselvollen Verhältnis von Mission und Politik: Die Berliner Missionsgesellschaft in Guangdong". In: Leutner, Mechthild; Mühlhahn, Klaus

(Hrsg.): *Deutsch-chinesische Beziehungen im 19. Jahrhundert. Mission und Wirtschaft in interkultureller Perspektive.* Münster: Lit, 2001.

38. „Jahresbericht". In: *Missions-Berichte der Gesellschaft zur Beförderung der evangelischen Missionen unter den Heiden zu Berlin für das Jahr 1891.* Berlin: Verlag des Missionshauses, 1891.

39. „Jahresbericht". In: *Missions-Berichte der Gesellschaft zur Beförderung der evangelischen Missionen unter den Heiden zu Berlin für das Jahr 1890.* Berlin: Verlag des Missionshauses, 1890.

40. Kaufmann, Doris: *Frauen zwischen Aufbruch und Reaktion. Protestantische Frauenbewegung in der ersten Hälfte des 20. Jahrhunderts.* München: Piper, 1988.

41. Kohls, Lotti: *Annedorles bunter Weg.* Stuttgart: D. Gundert Verlag, 1937.

42. Kohls, Lotti: *A Ngi, die Geschichte einer Blinden.* Berlin: Buchhandlung der Berliner evangelischen Missionsgesellschaft, 1927.

43. Kohls, Lotti: *Chinesenkinder.* Berlin: Buchhandlung der Berliner evangelischen Missionsgesellschaft, 1930.

44. Kohls, Lotti: *Das ewige Licht geht da herein.* Berlin: Buchhandlung der Berliner evangelischen Missionsgesellschaft, 1932.

45. Kohls, Lotti: *Die glückhafte Stimme unter den Frauen von Yingtak.* Berlin: Heimatdienst-Verlag, 1934.

46. Kohls, Lotti: *Lichtlein, die leuchten wollten.* Berlin: Buchhandlung der Berliner evangelischen Missionsgesellschaft, 1928.

47. Kohls, Lotti: *Schneewaise und Glücksbrüderchen.* Berlin: Buchhandlung der Berliner evangelischen Missionsgesellschaft, 1935.

48. Kohls, Lotti: *Von Engeln geleitet. Teil I. Tsingtaumädels Judenweg.* Metzingen: Brunnquell-Verlag der Bibel- und Missions-Stiftung, 1979.

49. Kranz, Paul: *D. Ernst Faber. Ein Wortführer christlichen Glaubens.* Heidelberg: Evangelischer Verlag, 1901.

50. Kunze, Adolf: *Die Macht der Finsternis in China wird durch die Macht des Lichtes siegreich überwunden.* Berlin: Buchhandlung der Berliner evangelischen Missionsgesellschaft, 1906.

51. Kunze, Adolf: *Missionsfahrten nach Fangiatan.* Berlin: Buchhandlung der Berliner

evangelischen Missionsgesellschaft, 1913.

52. Kunze, Johann Adolf: *Liung wong, der Drachenkönig*. Berlin: Buchhandlung der Berliner evangelischen Missionsgesellschaft, 1922.

53. Kunze, Johann Adolph: *Aus dem Leben eines chinesischen Helfers: nach chinesischen Berichten bearbeitet*. Berlin: Buchhandlung der Berliner evangelischen Missionsgesellschaft, 1922.

54. Lehmann, Hartmut: „Die neue Lage". In: Gäbler, Ulrich (Hrsg.): *Geschichte des Pietismus* (Band 3): *Der Pietismus im neunzehnten und zwanzigsten Jahrhundert*. Göttingen: Vandenhoeck & Ruprecht, 2000.

55. Lehmann, Hellmut: *150 Jahre Berliner Mission*. Erlangen: Verlag der Ev.-Luth. Mission Erlangen, 1974.

56. Leuschner, Friedrich Wilhelm: *Die falschen Götzen macht zu Spott*. Berlin: Buchhandlung der Berliner evangelischen Missionsgesellschaft, 1909.

57. Leuschner, Friedrich Wilhelm: *Glotzauge-Starkheld*. Berlin: Buchhandlung der Berliner evangelischen Missionsgesellschaft, 1912.

58. Leuschner, Wilhelm: *Allerlei aus China*. Berlin: Buchhandlung der Berliner evangelischen Missionsgesellschaft, 1901.

59. Leuschner, Wilhelm: *Bilder des Todes und Bilder des Lebens aus China*. Berlin: Buchhandlung der Berliner evangelischen Missionsgesellschaft, 1901.

60. Leuschner, Wilhelm: *Keu-loi. Ein Bild chinesischen Volks- und Familienlebens*. Berlin: Buchhandlung der Berliner evangelischen Missionsgesellschaft, 1900.

61. Leuschner, Wilhelm: *Vom breiten zum schmalen Wege: ein Lebensbild aus der Mission*. Berlin: Buchhandlung der Berliner evangelischen Missionsgesellschaft, 1902.

62. Leutner, Mechthild; Yü-Dembski, Dagmar: *Exotik und Wirklichkeit—China in Reisebeschreibungen vom 17. Jahrhundert bis zur Gegenwart*. München: Minerva-Publikation, 1990.

63. Leutner, Mechthild: „China ohne Maske. Forschungsreisende, Berichterstatter und Missionare erschließen China in den 20er und 30er Jahren". In: Leutner, Mechthild; Yü-Dembski, Dagmar (Hrsg.): *Exotik und Wirklichkeit—China in Reisebeschreibungen vom 17. Jahrhundert bis zur Gegenwart*. München: Minerva-Publikation, 1990.

64. Lutschewitz, Wilhelm: *Aus der Missionsarbeit auf der Station Tsimo im Gebiet von Kiautschou*. Berlin: Buchhandlung der Berliner evangelischen Missionsgesellschaft, 1906.

65. Lutschewitz, Wilhelm: *Gegenwartsbilder aus der Mission in Südchina*. Berlin: Buchhandlung der Berliner evangelischen Missionsgesellschaft, 1925.

66. Mirbt, Carl: *Die evangelische Mission als Kulturmacht*. Berlin: Buchhandlung der Berliner evangelischen Missionsgesellschaft, 1905.

67. *Missionsordnung der Gesellschaft zur Beförderung der evangelischen Missionen unter den Heiden zu Berlin*. Berlin: Selbst-Verlage der Gesellschaft, 1882.

68. Pakendorf, Gunther: „Mission, Kolonialismus und Apartheid. Ein Blick auf die historische Rolle und Verantwortung der Mission in Südafrika". In: van der Heyden, Ulrich; Stoecker, Holger (Hrsg.): *Mission und Macht im Wandel politischer Orientierungen. Europäische Missionsgesellschaften in politischen Spannungsfeldern in Afrika und Asien zwischen 1800 und 1945*. Stuttgart: Franz Steiner Verlag, 2005.

69. Petrich, Hermann: *Allerlei Schulbilder aus der Mission in den deutschen Kolonien*. Berlin: Buchhandlung der Berliner evangelischen Missionsgesellschaft, 1906.

70. Puhl, Stephan: *Georg M. Stenz SVD (1869-1928)—Chinamissionar im Kaiserreich und in der Republik*. Nettetal: Steyler Verlag, 1994.

71. Rennstich, Karl: *Die zwei Symbole des Kreuzes. Handel und Mission in China und Südostasien*. Stuttgart: Quell Verlag, 1988.

72. Rhein, Wilhelm: *Die Frauen Chinas*. Berlin: Buchhandlung der Berliner evangelischen Missionsgesellschaft, 1902.

73. Richter, Julius: *Das Werden der christlichen Kirche in China*. Gütersloh: Verlag von C. Bertelsmann, 1928.

74. Richter, Julius: *Geschichte der Berliner Missionsgesellschaft 1824-1924*. Berlin: Buchhandlung der Berliner evangelischen Missionsgesellschaft, 1924.

75. Schlatter, Wilhelm: *Rudolf Lechler. Ein typisches Lebensbild aus der Basler Mission in China*. Basel: Verlag der Missionsbuchhandlung, 1911.

76. Schlyter, Herman: *Der China-Missionar Karl Gützlaff und seine Heimatbasis*.

Studien über das Interesse an der Mission des China-Pioniers Karl Gützlaff und über seinen Einsatz als Missionarserwecker. Lund: Gleerup, 1976.

77. Schmitt, Friedrich: *Ist die chinesische Sprache schwer?* Berlin: Buchhandlung der Berliner evangelischen Missionsgesellschaft, 1935.

78. Schnyder, André: „Traktatliteratur—Tristan und Isolde". In: Brednich, Rolf Wilhelm; Alzheimer, Heidrun u.a. (Hrsg.): *Enzyklopädie des Märchens. Handwörterbuch zur historischen und vergleichenden Erzählforschung* (Band 13). Berlin: Walter de Gruyter, 2010.

79. Scholz, Gustav: *Ein treuer Streiter unter Christi Fahne.* Berlin: Buchhandlung der Berliner evangelischen Missionsgesellschaft, 1913.

80. Scholz, Marie: *Buddhistenhimmel und Buddhistenhölle.* Berlin: Buchhandlung der Berliner evangelischen Missionsgesellschaft, [1927].

81. Scholz, Marie: *Chinesische Mädchen in der Nachfolge des barmherzigen Samariters.* Berlin: Buchhandlung der Berliner evangelischen Missionsgesellschaft, 1914.

82. Scholz, Marie: *Dschong tai: Die Geschichte eines chinesischen Mädchens.* Berlin: Buchhandlung der Berliner evangelischen Missionsgesellschaft, 1927.

83. Scholz, Marie: *Du sollst nicht andere Götter haben neben mir.* Berlin: Buchhandlung der Berliner evangelischen Missionsgesellschaft, 1926.

84. Scholz, Marie: *Erlebtes und Erlauschtes aus Südchina.* Berlin: Buchhandlung der Berliner evangelischen Missionsgesellschaft, 1927.

85. Scholz, Marie: *Kann man Chinesenkinder liebhaben?* Berlin: Buchhandlung der Berliner evangelischen Missionsgesellschaft, 1930.

86. Scholz, Marie: *Schwiegertöchterchen.* Berlin: Buchhandlung der Berliner evangelischen Missionsgesellschaft, 1928.

87. Sösemann, Bernd: „Die sog. Hunnenrede Wilhelm II.: Textkritische und interpretatorische Bemerkungen zur Ansprache des Kaisers vom 27. Juli 1900 in Bremerhaven". In: *Historische Zeitschrift* Heft 222 (1976).

88. Sun, Lixin: „Vom Missionar zum Sinologen. Ernst Faber und seine Studien zur chinesischen Kultur". In: *Berliner China-Heft* 17 (1999).

89. Sun, Lixin: *Das Chinabild der deutschen protestantischen Missionare des 19. Jahrhunderts. Eine Fallstudie zum Problem interkultureller Begegnung und*

Wahrnehmung. Marburg: Tectum Verlag, 2002.
90. Tsen-Fen-Thau: *Das Wichtigste aus den Tagen meines Lebens*, übers. aus dem Chinesischen von Missionar Leuschner. Berlin: Buchhandlung der Berliner evangelischen Missionsgesellschaft, 1901.
91. (Verfasser unbekannt) Stichwort: „Traktat", http://wortwuchs.net/traktat/, Abrufdatum: 25. August, 2020.
92. (Verfasser unbekannt) Stichwort: „Traktat", https://neueswort.de/traktat/, Abrufdatum: 30. August, 2020.
93. (Verfasser unbekannt) Stichwort: „Traktat", https://www.dwds.de/wb/Traktat, Abrufdatum: 25. August, 2020.
94. (Verfasser unbekannt): „Heide- und andere Auffassungen zu Gott und Glaube". *Lexikon zum Kirchentag*, https://www.mdr.de/kirchentag/artikel122392.html, Abrufdatum: 06. Oktober, 2020.
95. Von Mende, Erling: „Einige Ansichten über die deutsche protestantische Mission in China bis zum Ersten Weltkrieg". In: Kuo, Heng-yü (Hrsg.): *Von der Kolonialpolitik zur Kooperation. Studien zur Geschichte der deutschchinesischen Beziehungen*. München: Minerva-Publikation, 1986.
96. Voskamp, Carl Johannes: *Confucius und das heutige China*. Berlin: Buchhandlung der Berliner evangelischen Missionsgesellschaft, 1902.
97. Voskamp, Carl Johannes: *Im Schatten des Todes*. Berlin: Buchhandlung der Berliner evangelischen Missionsgesellschaft, 1925.
98. Voskamp, Carl Johannes: *Merkwürdige Lebensführung eines chinesischen Christen*. Berlin: Buchhandlung der Berliner evangelischen Missionsgesellschaft, 1903.
99. Voskamp, Carl Johannes, „Todesgrauen und Lebenssehnsucht des Chinesen", in M. Wilde (Hrsg.), *Mission und Pfarramt*, 1 Jahrgang, Berlin, 1908.
100. Voskamp, Carl Johannes, „Welchen Einfluss hat der Buddhismus auf das geistige Leben Chinas ausgeübt", in M. Wilde (Hrsg.), *Mission und Pfarramt*, 4. Jahrgang, Berlin, 1911, S. 120-130.
101. Voskamp, Carl Johannes: *Unter dem Banner des Drachen und im Zeichen des Kreuzes*. Berlin: Buchhandlung der Berliner evangelischen Missionsgesellschaft,

1900.
102. Warneck, Gustav: *Abriß einer Geschichte der protestantischen Missionen von der Reformation bis auf die Gegenwart. Ein Beitrag zur neueren Kirchengeschichte*. Leipzig: J. C. Hinrichs' sche Buchhandlung, 1898.
103. Warneck, Gustav: *Evangelische Missionslehre. Ein missionstheoretischer Versuch* (Band 1). Bonn: Verlag für Kultur und Wissenschaft, 2015.
104. Warneck, Gustav: *Warum ist das 19. Jahrhundert ein Missionsjahrhundert?* Halle: Fricke, 1880.
105. Wasserzug-Traeder, Gertrud: *Deutsche Evangelische Frauenmissionsarbeit. Ein Blick in ihr Werden und Wirken*. München: Chr. Kaiser, 1927.
106. Weichert, Ludwig: „Geleitswort". In: Ders. (Hrsg.): *Drache und Kreuz*. Berlin: Buchhandlung der Berliner evangelischen Missionsgesellschaft, 1908.
107. Weichert, Ludwig: *Drache und Kreuz*. Berlin: Buchhandlung der Berliner evangelischen Missionsgesellschaft, 1908.
108. Wilde, Martin：*Mission und Pfarramt* (2. Jahrgang). Berlin: Verlag der Berliner Missionsgesellschaft, 1909.
109. Wilhelm, Salomone (Hrsg.): *Richard Wilhelm. Der geistige Mittler zwischen China und Europa*. Düsseldorf: Eugen Diederichs, 1956.

中文文献

110. 阿利斯特·埃德加·麦格拉思:《基督教概论》,孙毅、马树林、李洪昌译,上海：上海人民出版社，2013年。
111. 艾勒克·博埃默:《殖民与后殖民文学》,盛宁、韩敏中译,沈阳：辽宁教育出版社，1998年。
112. 爱德华·瓦迪厄·萨义德:《东方学》,王宇根译,北京：生活·读书·新知三联书店，2019年。
113. 单波、王媛:《跨文化互动与西方传教士的中国形象认知》,《新闻与传播研究》,2016年第1期。
114. 段宇晖:《洁净的危险——论19世纪美国传教士书信传记中的中国人特性书写》,《中国比较文学》,2019年第4期。

115. 方维规:《两个人和两本书——荣格、卫礼贤与两部中国典籍》,《清华大学学报》,2015年第2期。
116. 方维规:《谁造就了"史密斯热"?——就〈中国人的特性〉与诸学者商榷》,《中国图书评论》,2009年第3期。
117. 菲奥娜·鲍伊:《宗教人类学导论》,金泽、何其敏译,北京:中国人民大学出版社,2004年。
118. 费乐仁:《现代中国文化中基督教与道教的相遇、论辩、相互探索》,罗秉祥、赵敦华主编:《基督教与近代中西文化》,北京:北京大学出版社,2000年。
119. 费正清:《剑桥中国晚清史》(上卷),北京:中国社会科学出版社,1985年。
120. 费正清:《新教传教士著作在中国文化史上的地位》,吴莉苇译,张西平主编:《欧美汉学研究的历史与现状》,郑州:大象出版社,2006年。
121. 顾长声:《传教士与近代中国》,上海:上海人民出版社,2004年。
122. 顾长声:《从马礼逊到司徒雷登——来华新教传教士评传》,上海:上海人民出版社,1985年。
123. 管勇:《再现、话语与"东方化东方"——萨义德东方主义批判新论》,《山西师大学报》,2014年第2期。
124. 郭卫东:《论中国近代特殊教育的发端》,《教育学报》,2007年第3期。
125. 韩南:《中国近代小说的兴起》,徐侠译,上海:上海教育出版社,2004年。
126. 胡凯、张斐:《试析19世纪来华德意志人的中国祖先崇拜书写》,《北京大学学报》,2021年第6期。
127. 净因:《"七级浮屠"考》,《佛教文化研究》,2015年第2期。
128. 李海军、范武邱:《郭实腊对〈红楼梦〉的误读——论〈红楼梦〉在英语世界的首次译介》,《山东外语教学》,2013年第3期。
129. 李乐曾:《近代在中国的德国基督教传教团》,《德国研究》,1997年第3期。
130. 李奭学:《中国"龙"如何变成英国的"dragon"》,《读书》,2007年第5期。
131. 李天纲:《三教通体:士大夫的宗教态度》,《学术月刊》,2015年第5期。
132. 李馨:《来华传教士和世谦在1884年至1914年期间对中国的考察》,硕士学位论文,上海外国语大学,2021年。
133. 李雪涛:《孔子的世界性意义——卫礼贤对孔子的阐释及其对我们今天的启

示》,《读书》,2012年第8期。
134. 李应志:《关键词·认知暴力》,《国外理论动态》,2006年第9期。
135. 梁其姿:《从癞病史看中国史的特色》,载李建民主编:《从医疗看中国史》,北京:中华书局,2012年。
136. 刘彼得:《基督教与中国文化——客家个案的反思》,载罗秉祥、赵敦华主编:《基督教与近代中西文化》,北京:北京大学出版社,2000年。
137. 刘城:《马丁·路德"唯信称义"思想:灵魂救赎的单一路径》,《世界历史》,2012年第6期。
138. 刘禾:《语际书写——现代思想史写作批判纲要》,上海:上海三联书店,1999年。
139. 刘惠玲:《话语维度下的赛义德东方主义研究》,武汉:武汉大学出版社,2018年。
140. 刘恋:《清末民初基督教在华传教士眼中的祖先崇拜》,硕士学位论文,南京大学,2014年。
141. 刘天路:《德国传教士尉礼贤的中国观》,《中国海洋大学学报》,2003年第4期。
142. 卢健民:《圣经中有关麻风的记载择要及其探讨》,《中国麻风杂志》,1992年第3期。
143. 罗钢、刘象愚主编:《后殖民主义文化理论》,北京:中国社会科学出版社,1999年。
144. 罗纳尔德·格莱姆斯:《仪式的分类》,载王霄冰主编:《仪式与信仰》,北京:民族出版社,2008年。
145. 马泰·卡林内斯库:《现代性的五副面孔——现代主义、先锋派、颓废、媚俗艺术、后现代主义》,顾爱彬、李瑞华译,北京:商务印书馆,2002年。
146. 玛丽·道格拉斯:《〈利未记〉叙事功能:病体救赎与宗教重构》,唐铎译,《百色学院学报》,2013年第4期。
147. 玛丽·道格拉斯:《洁净与危险——对污染和禁忌观念的分析》,黄剑波、柳博赟等译,北京:商务印书馆,2018年。
148. 奈杰尔·拉波特、乔安娜·奥弗林:《社会文化人类学的关键概念》,鲍雯妍、张亚辉译,北京:华夏出版社,2005年。

149. 牛淑萍：《清代山东移民东北述论》，《烟台师范学院学报》，2001年第1期。
150. 诺贝特·埃利亚斯：《文明的进程：文明的社会起源和心理起源的研究》（第一卷），王佩莉译，北京：生活·读书·新知三联书店，1998年。
151. 齐亚乌丁·萨达尔：《东方主义》，马雪峰、苏敏译，长春：吉林人民出版社，2005年。
152. 任继愈：《宗教词典》（修订本），上海：上海辞书出版社，2009年。
153. 沈梅丽：《小说还是小册——近代汉文传教小册的历史考察》，《浙江师范大学学报》，2018年第4期。
154. 施添福：《从"客家"到客家（二）：粤东"Hakka·客家"称谓的出现、蜕变与传播》，《全球客家研究》，2014年第2期。
155. 斯特伦：《人与神——宗教生活的理解》，金泽、何其敏译，上海：上海人民出版社，1991年。
156. 宋莉华：《传教士汉文小说的发展及其作为宗教文学的启示意义》，《武汉大学学报》，2016年第4期。
157. 宋莉华：《传教士汉文小说研究》，上海：上海古籍出版社，2010年。
158. 苏珊·桑塔格：《疾病的隐喻》，程巍译，上海：上海译文出版社，2018年。
159. 孙立峰：《论花之安的教育观和宗教文化观》，《河北学刊》，2011年第5期。
160. 孙立新：《从中西文化关系角度看19世纪德国新教的中国传教》，《文史哲》，2003年第5期。
161. 孙立新：《德国新教传教士论义和团爆发的原因》，《深圳大学学报》，2012年第1期。
162. 孙立新：《评德国新教传教士花之安的中国研究》，《史学月刊》，2003年第2期。
163. 孙立新：《卫礼贤论东西方文化》，《中国海洋大学学报》，2003年第1期.
164. 陶飞亚、刘天路：《基督教会与近代山东社会》，济南：山东大学出版社，1995年。
165. 陶飞亚、杨卫华：《基督教与中国社会研究入门》，上海：复旦大学出版社，2009年。
166. 田龄、王忠春：《德国占领青岛时期的文化政策及其实施》，《史学月刊》，2007年第9期。

167. 托马斯·斯特恩斯·艾略特:《宗教和文学》,李赋宁译,南昌:百花洲文艺出版社,1997年。
168. 王立新:《十九世纪在华基督教的两种传教政策》,《历史研究》,1996年第3期。
169. 王立新:《在龙的映衬下:对中国的想象与美国国家身份的建构》,《中国社会科学》,2008年第3期。
170. 王轻鸿:《西方文论关键词:仪式》,《外国文学》,2015年第6期。
171. 威廉·格斯曼:《德国文化简史》,王旭译,桂林:广西师范大学出版社,2017年。
172. 维克多·特纳:《仪式过程:结构与反结构》,黄剑波、柳博赟译,北京:中国人民大学出版社,2006年。
173. 闻一多:《神话与诗》,上海:上海人民出版社,2005年。
174. 吴巍巍:《19世纪美国传教士中国观建构之文化心态论析》,《宗教学研究》,2016年第2期。
175. 吴梓明、陶飞亚:《晚清传教士对中国文化的研究》,《文史哲》,1997年第2期。
176. 忻剑飞:《世界的中国观》,上海:学林出版社,1991年。
177. 严匡禧:《近代外国传教士对中国的影响——以花之安和〈自西徂东〉一书为中心》,《历史教学问题》,2004年第3期。
178. 杨帆:《〈纽约时报〉视野中的天津教案》,《东岳论丛》,2016年第4期。
179. 杨汝福:《中国礼仪史话》,广西:广西民族出版社,1991年。
180. 杨武能:《卫礼贤——伟大的"德意志中国人"》,《德国研究》,2005年第3期。
181. 杨雄威:《国民性的神话与历史》,《中山大学学报》,2012年第4期。
182. 詹姆斯·费伦、彼得·J.拉比诺维茨主编:《当代叙事理论指南》,申丹等译,北京:北京大学出版社,2007年。
183. 张翰轶:《德国新教传教士郭实腊的中国观及其传教策略》,硕士学位论文,上海外国语大学,2018年。
184. 张京媛:《后殖民理论与文化批评》,北京:北京大学出版社,1999年。
185. 张志刚:《史料、史实与史证——重估"传教士所撰中国文献"的价值》,

《世界宗教文化》，2019年第5期。
186. 赵波:《"节日"重温》，《宗教与哲学》(第八辑)，2019年。
187. 郑天星:《传教士与中学西渐——以德国汉学家卫礼贤为中心》，《宗教学研究》，1997年第2期。
188. 中国续行委办调查特委会:《1901—1920年中国基督教调查资料(原《中华归主》修订版)》，蔡咏春等译，北京:中国社会科学出版社，2007年。
189. 周宁:《另一种东方主义:超越后殖民主义文化批判》，《厦门大学学报》，2004年第6期。
190. 朱利:《〈圣经〉中的"麻风病"》，《中国麻风病杂志》，2016年第2期。

·后 记·

2020年我到柏林洪堡大学访学,在神学系安德烈亚斯·费尔德克勒(Andreas Feldtkeller)教授的推荐下前往德国巴陵会图书馆搜集资料,有幸发现馆藏文献中涉及大量德国来华传教士德文撰写的一手资料。这些文献多出自19—20世纪上半叶,材料古旧,文字多为花体,回国后我对这些文献进行进一步阅读和梳理,发觉这是一个颇有价值的课题。在中西文化交流史中,来华传教士曾扮演重要角色。而巴陵会作为近代最早来华传教的德国新教团体之一,其文字著述对中国的描摹与塑造或在很大程度上影响和引导了德国读者受众对中国的整体认知。

本书以传教士的文化交流为主要研究范式,对德国巴陵会图书馆有关20世纪上半叶来华传教士的馆藏文献进行史料爬梳和学理分析。所涉文献主要包括小册、小说杂文、工作日志、故事文集等,涵盖中国宗教与民间信仰、神话传说、文化礼俗、在华传教工作境况等题材,这些珍稀的史料文献承载了传递当时中国社会文化信息、塑造中国民众精神风貌的媒介功能。

在后现代理论中,知识不再是真理的反映,权力关系决定着知识的构建,在传教士文本语境下,权力关系之外还多了一层宗教的滤镜:中国既是反衬基督教文明优越性的晦暗底色,也是传教士确证自我文化身份、缓解自身信仰危机、实现自我审视与想象的对照。但与此同时，传教士对中国神话传说与民间故事的译述，对中国文学与篇章典籍的征引，亦助力中国文化"西播"，为当时的德国读者提供了遥看中国的独特视域。

本书出版之际，要特别感谢我的恩师张帆教授，感谢张帆教师给予我的学术支持与提携指导，在她的耐心教诲与学养熏陶下，我得以步入学术研究的大门；衷心感谢柏林洪堡大学费尔德克勒教授在我访学期间对我的悉心指导和照顾；感谢商务印书馆韩之易老师为审校和编辑付出的辛劳；感谢为学之路上所有帮助和启发过我的师长朋友；感谢我的父母给予我健康的身心与坚强的性格，感谢他们对我缺少陪伴的包容谅解；感谢我的先生对我的鼓励，做我坚实的后盾。

近现代德国来华传教士的一手文献研究是一个颇为庞大的研究课题，这本小书在很大程度上只是"引玉之砖"。由于文献原文多为德语花体，阅读与翻译颇费心力，加之资料收集的难度和自身学力的不逮，粗疏错漏之处敬请方家批评指正、不吝赐教。

2023年1月
于北京